Daniel Hoch

33
REZEPTE
gegen
AUFSCHIEBERITIS®

TEIL 3

© 2020 Daniel Hoch

Umschlaggestaltung:	honigbart®, Jürgen Schulz
Lektorat/Korrektorat:	Lisa Billing
Verlag:	Erfolgshoch Verlag (Inh. Daniel Hoch), Karl-Liebknecht-Straße 66, 04275 Leipzig
Druck:	tredition GmbH, Hamburg
ISBN Paperback:	978-3-948767-17-4
ISBN E-Book:	978-3-948767-18-1
ISBN Hörbuch:	978-3-948767-50-1

Bibliografische Information der Deutschen Nationalbibliothek:
Die Deutsche Nationalbibliothek verzeichnet diese Publikation
in der Deutschen Nationalbibliografie; detaillierte bibliografische
Daten sind im Internet über http://dnb.d-nb.de abrufbar.

Inhalt

1
Einleitung

Hallo meine lieben Leser und Leserinnen!

Das finale 33-Rezepte-Buch gegen „Aufschieberitis" ist endlich da! Es geht weiter mit vielen spannenden Tipps und Tricks, wie Du Deine Aufschieberitis in den Griff bekommst. Ganz genau genommen sind es 33 an der Zahl und somit haben wir insgesamt 99 super Rezepte in der Taschenbuch-Trilogie festgehalten. Schulterklopfer dafür ☺! Jetzt gibt es wirklich keine Ausreden mehr, bei so einer großen Anzahl von Rezepten ist wirklich für jeden was dabei. Und diese Zahl wird auch benötigt! Ein Standardrezept gibt's leider nicht, die Aufschieberitis ist eine chronische und kniffflige Krankheit. Das weiß wohl jeder, denn wirklich alle Menschen sind von ihr betroffen. Manche mehr, manche weniger, doch ich garantiere: Jeder schiebt auf.

Das ist menschlich und in gewissen Maßen auch nicht katastrophal. Wie Du auch im Kapitel 7 *Warum Aufschieben auch gut ist* siehst! Das Maß zu finden ist wiederrum gar nicht so einfach und dabei helfe ich Dir mit diesem Büchlein! Wie gesagt, die Standard Pille ist noch nicht auf dem Markt. Das heißt, jeder geht individuell mit seiner Aufschieberitis um, denn nicht alle Menschen ticken gleich. Deswegen erwarten Dich in diesem Büchlein viele verschiedenartige Rezepte. Du findest durch den ultimativen

Selbstversuch heraus, welche Deine passenden sind. Ich gebe Dir die Anleitung und den Ansporn. Du selbst bist die Energiequelle! Bleib dabei immer realistisch! Was bedeutet es, realistisch zu sein? Das hängt ganz von Dir ab! Jeder Mensch hat eine andere Vorstellung davon, was es heißt, realistisch zu sein. Wichtig ist, sich von der allgemeinen Vorstellung zu lösen, dass realistische Menschen auch pessimistische Menschen seien. Das ist Bullshit! Ich würde mich als realistischen Optimisten bezeichnen und ich glaube, dass diese Eigenschaft sehr hilfreich in allen Lebensbereichen ist. Und dazu ist sie auch noch trainierbar! Als Pessimist wirst Du schneller aufgeben und an Problemen verzweifeln. Als Optimist suchst Du immer nach neuen *umsetzbaren* Lösungen! Soll heißen: Nicht Probleme suchen, sondern Lösungen finden! Der Realist in Dir analysiert sein Ziel und die Umstände Deiner Situation, die mögliche Vorgehensweise für Dein Handeln und denkbare Risikofaktoren. Kurz gesagt, die harten Fakten. Der Optimist in Dir hilft motiviert und positiv in die Zukunft und auf das Ziel zu schauen. Um ein realistischer Optimist zu sein, achtest Du also auf zwei spezielle Eigenschaften: Durchanalysieren und positiv denken.

Und das ist eben auch das Besondere am realistisch und optimistisch sein; Du kannst es lernen! Es ist eine Denkart und Einstellungssache! Es ist eine Entscheidung. Deine Entscheidung.

Die Alles-oder-Nichts-Haltung ist destruktiv und unnötig. Dahinter steckt die Angst, nicht mehr akzeptiert zu werden, wenn etwas nicht vollkommen ist. Auch 80 Prozent sind oft gut genug. Was kann denn im schlimmsten Fall passieren, wenn Du Dein Ideal nicht erreichst? Na und?! Es gibt immer neue Versuche zu machen! Und es gibt noch einen Bonus als realistischer Optimist: Als „normaler" Optimist kommt es häufiger zu Fehleinschätzungen und dadurch zu Rückschlägen. Hast Du als realistischer Optimist gut geplant, kommt es zu vielen Erfolgserlebnissen und Erfolg führt zur Ausschüttung des Glückshormons Dopamin. Dopamin ist insbesondere verantwortlich für unsere Motivation und unser Durchhaltevermögen.

Zum Aufbau des Buches, es gleicht seinen zwei Vorgängern, zuerst geht es um das „richtige" Denken und die „richtigen" Einstellungen, denn als allererstes stellt sich der Kopf auf Veränderungen ein! Danach geht's weiter mit konkreten Methoden und Gesetzen. Die gilt es einfach auszuprobieren und anzuwenden. Zwei weitere Kapitel befassen sich mit Listen und auch mit Apps und Tools, die sehr hilfreich sind! Ich kitzle mit diesen 33 Rezepten alles aus Dir raus. Fang jetzt ernsthaft an und ändere Dein Leben so, wie Du es haben willst. Ja und genau das ist oft die schwerste Frage: Was will ich eigentlich? Bin ich zufrieden und wenn nein, warum eigentlich nicht? Auch auf diese Fragen gibt es keine Pauschalantworten, ich möchte erneut betonen, dass jeder verschiedene Ziele und Wünsche hat. Folgender Test hilft Dir, erste Gedanken zu den eben genannten Fragen zu formulieren.

Es gibt Fragen, bei denen es hilfreich ist, sie zu Beginn zu stellen. Einfach, damit Du ins Thema reinkommst und Dir der Einstieg leichter fällt. Vielleicht kennst Du sie noch aus

Band 1 und 2. Falls ja, beantworte sie trotzdem und vergleiche sie mit Deinen alten Antworten! Die Fragen helfen Dir, die Eigenschaften Deiner individuellen Aufschieberitis auszumachen. Nimm Dir für jede Frage einen Moment Zeit und schreibe die Antwort in Stichpunkten auf.

Schiebst Du (täglich) auf?

○ *JA*   ○ *NEIN*

Welche Dinge schiebst Du auf?

_____

_____

_____

Welche positiven Folgen hatte das Aufschieben schon für Dich?

_____

_____

_____

Welche negativen Folgen hatte das Aufschieben schon für Dich?

_____

_____

_____

Behalte diese Gedanken im Hinterkopf und überlege beim Weiterlesen, welche Rezepte Dir spezifisch weiterhelfen. Das A und O ist, alles, soweit es geht, zu definieren und zu konkretisieren. Was für Dich Erfolg und Glück bedeutet, entscheidest Du! Das ist nicht allgemein festgelegt und das lässt Du Dir von niemandem vorschreiben. Das heißt zum Beispiel, dass nicht jeder ein Top Manager sein will oder jede Frau mit spätestens dreißig Jahren Kinder bekommt. Was zählt, ist Dein Ziel! Was dabei allerdings wichtig ist: Gib Dich nicht mit weniger zufrieden. Das Paradebeispiel für eine *Erfolgsgeschichte aus eigener Kraft* ist die Geschichte von Benjamin Franklin. Er arbeitete hart und brillierte in verschiedensten Bereichen, ob als Erfinder, Drucktechniker oder Politiker, er stand zu hundert Prozent hinter dem, was er machte. Das lag hauptsächlich am beharrlichen Festhalten an seinen Lebensprinzipien.

Das hört sich natürlich super an, doch wie funktioniert das? Es ist einfach gesagt: „Ab sofort zielstrebig und konsequent an den eigenen Prinzipien festhalten". Kein Problem! Naja, sind wir mal realistisch, das wird wohl nicht von heute auf morgen klappen. Muss es auch nicht, denn ich stelle Dir jetzt das erste Rezept, den *13-Wochen-Plan nach Benjamin Franklin* vor! Es geht los, Augen auf und Konzentration an!

REZEPT Nr. 1

Benjamin Franklins
13-Schritte-Plan

Benjamin Franklin wusste, wie wichtig der Charakter eines Menschen ist und auch, dass er nicht unveränderlich ist. Für die jetzt schon Verwirrten: ‚Nicht unveränderlich' heißt, er ist veränderbar. Bestimmte Eigenschaften oder Charaktermerkmale sind trainierbar, insbesondere reden wir an dieser Stelle von Tugenden. Eine Tugend ist eine wertvolle Eigenschaft eines Menschen und auch, wenn Dir die folgenden 13 Tugenden vielleicht persönlich gar nicht so erstrebenswert erscheinen, fordere ich Dich dazu auf, den 13-Schritte-Plan wie beschrieben, auszuführen.

Das Rezept Nr. 1 ist nicht individuell wählbar und Pflicht für alle!

Es geht nämlich nicht einfach nur um stumpfe Disziplinierung, sondern um wertvolle Willensbildung. Dieser Plan hilft Dir außerdem, Dich mit Dir selbst zu befassen und Deine Stärken und Schwächen kennenzulernen. Ok, ok, es geht schon los! Was sind die 13 Schritte von Franklin?

Kurz und knapp: 13 Tugenden = 13 Wochen

Benjamin Franklin wählte 13 Tugenden und fokussierte sich 13 Wochen auf je eine von ihnen. Hört sich simpel an, die Durchführung verlangt etwas Biss. Das schaffst Du! Und Du fängst sofort an, Du brauchst nichts weiter zu tun, als weiterzulesen.

Es geht um folgende erstrebenswerte Eigenschaften (in halbwegs modern ausgelegter Form):

1. *Mäßigung*
2. *Schweigen*
3. *Ordnung*
4. *Entschlossenheit*
5. *Sparsamkeit*
6. *Fleiß*
7. *Ehrlichkeit*
8. *Gerechtigkeit*
9. *Verhältnismäßigkeit*
10. *Sauberkeit*
11. *Ruhe*
12. *Keuschheit*
13. *Demut*

Natürlich kannst Du auch eine Tugend dieser Aufzählung mit einer Tugend Deiner Wahl tauschen. Doch für den ersten Durchlauf würde ich Dir diese vorgefertigte Version empfehlen.

Wie geht's: In jeder Woche bereitest Du Dir ein Blatt Papier mit sieben Spalten für sieben Tage vor und schreibst vorm Schlafengehen auf, in wie weit Du die Tugend im Laufe des Tages für Dich gestärkt hast.

Hier noch ein paar Vorschläge, auf welche Besonderheiten Du in den verschiedenen Wochen achtest, damit Du konkrete Vorstellungen von den Tugenden bekommst.

1. Mäßigung

Ich empfehle Dir, die Tugend Mäßigung insbesondere auf Dein Ess- und Trinkverhalten anzuwenden. Das heißt, immer nur einen Teller, keinen Nachschlag und Süßigkeiten/Alkohol fasten. Auch mal einen ganzen Tag in der Woche oder ein ganzes Wochenende im Monat fasten. Abgeschwächte Variante: nimm zumindest nur Säfte und Suppen zu Dir. Das ganze habe ich schon mal 7 Tage durchgezogen, dazu mehr in meinem Erfahrungsbericht in Kapitel 5.

2. Schweigen

In dieser Woche konzentrierst Du Dich insbesondere auf Deine Gedanken, versuch so wenig wie möglich zu reden, also rede wirklich nur, wenn es notwendig ist. Beteilige Dich nicht an irgendwelchem Gelaber und Geläster von anderen. Auch hier liest Du mehr in Kapitel 5 über meine persönliche Erfahrung, sieben Tage komplett zu schweigen.

3. Ordnung

Eine Woche lang kein Chaos! Achte penibel auf Ordnung in Deinem Umfeld. Alles hat seinen festen Platz in dieser Woche. Falls Dein Zuhause katastrophal aussieht, ist die erste Aufgabe der Woche, hier Ordnung zu schaffen. Das machst Du, indem Du Dich in dieser einen Woche von genau 100 Gegenständen trennst. Glaub mir, das klingt nach mehr, als es ist, es liegen nämlich bei jedem Menschen genügend unnötige Sachen rum.

4. Entschlossenheit

Mach Dich in den nächsten sieben Tagen frei von Selbstzweifel! Alles, was Du angehst, gehst Du mit entschlossener Miene an. Nutze diese Woche für Aufgaben, die Du schon lange im Kopf hast und einfach nicht hinter dich bringst. Jetzt ist die Zeit dafür!

5. Sparsamkeit

Dein Ziel ist es, so wenig Geld wie möglich in dieser Woche auszugeben. Außerdem gibst du Geld nur für Dinge aus, die notwendig sind. Schau mal, wo Du sparst und schreibe Dir auf, wofür Du immer noch Geld ausgibst. Dann siehst Du auch mal, was Dir wirklich wichtig ist. Sammle außerdem in dieser Woche Dein Hartgeld am Ende des Tages in einem Kästchen. Es ist nämlich so, dass die Hemmschwelle, einen Schein anzubrechen, viel größer ist, als Dein Kleingeld auszugeben.

6. Fleiß

In dieser Woche bist Du der Erste-Reihe-Streber. Du arbeitest fleißig und bist überall voll dabei! Keine Minute bleibt ungenutzt, das heißt, auch Netflix bleibt aus. Auch in der Zeit, in der Du normalerweise zur Entspannung Fernsehen guckst, nimmst Du Dir Zeit für Dich zum aktiven Entspannen. Mach dazu Entspannungsübungen, Anleitungen für ein paar leichte Anfänger-Entspannungsmethoden findest Du im Kapitel 3. Gehaltvolle Bücher sind auch erlaubt.

7. Ehrlichkeit

Ehrlich sein, ist oft hart, sowohl zu anderen, als auch zu Dir selbst. Diese Woche legst Du trotzdem oder gerade deswegen Deinen Fokus darauf. Sei also mit Dir Selbst und Deinem Umfeld ehrlich. Wie der amerikanische Politiker Davy Crockett sagte: „Lass Deine Zunge aussprechen, was Dein Herz denkt."

8. Gerechtigkeit

Behandle andere aufrichtig und schade niemand absichtlich. Das ist eigentlich die Basis für jegliches Miteinander. In dieser Woche achtest Du besonders darauf. Außerdem versuchst Du, zu helfen, wo Du kannst. Erfülle Deine Pflichten und sei ein aufmerksamer, gerechter und hilfsbereiter Mensch.

9. Verhältnismäßigkeit

„Alles mit Maß', sagte der Bauer. Da trank er eine Maß Branntwein." Haha. Ok, nicht der beste Humor, ich gebe es zu. Bei Verhältnismäßigkeit geht es um das richtige Maß der Dinge. Nicht zu viel, nicht zu wenig, sondern genau so viel, wie nötig. Reflektiere Dein Verhalten beim Essen, Trinken, Schlafen und Konsumieren. Meldet sich Dein schlechtes Gewissen bei einem dieser Bereiche, weißt du, dass es zu viel oder zu wenig (Schlaf, Essen, Trinken, Konsum) war. Was das richtige Maß ist, ist schwer zu definieren. Das macht jeder für sich selbst aus. Doch hier ein paar allgemeine Beispiele: Eine ganze Tüte Chips essen, ist zu viel. Zweimal am Tag ins Restaurant zu gehen, ist zu viel.

Vier Stunden Schlaf sind zu wenig. Ein Päckchen Zigaretten ist zu viel und tägliches Shopping ist auch zu viel.

10. Sauberkeit

Ähnlich wie bei Woche 3 *Ordnung* geht es hier primär um Deine Wohnung oder Dein Zimmer. Egal welchen Monat wir haben, Du machst diese Woche einen großen Frühjahrsputz. Nimm Dir auch die ungeliebten Stellen vor, die Du sonst weglässt. Also auch hinter der Waschmaschine und unter dem Schuhregal putzen.

11. Ruhe

Ganz nach dem Motto ‚Ruhe bewahren‘. Lass Dich nicht aus der Fassung bringen, gehe mit allen Geschehnissen bedächtig und geduldig um. Außerdem geht es auch um Deine innere Ruhe. Nimm diese Woche nur für Dich und unternimm nur Dinge mit Dir selbst. Alleinsein ist wunderschön, muss aber geübt werden.

12. Keuschheit

Hier werden die meisten wohl schmunzeln. Sieh es einfach so: Ähnlich wie in der *Ruhe*-Woche geht es nur um Dich. Lass Dich nicht ablenken, insbesondere nicht vom anderen Geschlecht. Schalte Deine Dating-Apps mal auf stumm und besinne Dich auf Dich selbst. Nimm Dir für Dich selbst Zeit und plane Deine freie Zeit nur mit Dingen, die Du machen willst. Bist Du gerade in einer Beziehung, dann integriere Deine/n Partner/in in diese Woche und feiert Euer Verhältnis zueinander mit besonderen Abenden zu zweit.

13. *Last but not least: Demut*

Ja ja, das Wort ist absolut altbacken und doch zutreffend. Zeig Dich dankbar für das, was Du hast. Denk nicht immer darüber nach, was Du noch brauchst, sondern denke auch mal an das, was Du schon hast. Mach Dir zu diesem Zweck ein Dankbarkeitsprotokoll am Abend. In diesem schreibst Du die Dinge auf, für die Du über den Tag hinweg dankbar warst, beziehungsweise bist. Dazu noch mehr im Rezept Nr. 4 *Sei dankbar!*

TO DO

Dieses erste Rezept ist absolute Pflicht! Dir kommen 13 Wochen vielleicht im ersten Moment lang vor, doch sie sind schneller wieder rum, als Du glaubst. Tu Dir etwas Gutes und arbeite mit dem Benjamin-Franklin-13-Schritte Plan an Dir, an Deinen Stärken und an Deinen Schwächen.

2
Denken und Überzeugungen

Die Aufschieberitis findet in Deinem Kopf statt. Ich rede vom wohlbekannten inneren Schweinehund. Du weißt es besser, Du willst es anders machen, und doch fehlt die Motivation, am Schreibtisch sitzenzubleiben, die Wohnung aufzuräumen, die Pfandflaschen wegzubringen und, und, und. Die Sonne scheint zu schön, Dein Magen meldet sich und ein Kaffee will auch noch getrunken werden. Bloß nicht an die To-Dos denken. Genau hier interveniere ich! Genau das ist die Stelle, an der Du als erstes arbeitest – Dein Kopf, Dein Denken und Deine Überzeugungen. Was Dir fehlt, ist neuer Input und neue Inspirationen, wie Du Deine alten Denkweisen mal auffrischst. Raus aus der Routine, denn genau hier wird die Aufschieberitis genährt! Befreie Dich von Gedanken, die Dich zurückhalten, beispielsweise diese ganze Glücksschieberei, also die Vorstellung, im Jetzt nicht glücklich sein zu müssen, da es in der Zukunft wichtiger ist. „Ich bin zwar jetzt unglücklich, aber in der Rente wird es dann besser." Viele sehen nur in der Zukunft ihr Glück, das ist Bullshit! Na klar, es ist nicht immer alles easy going und es gibt definitiv Phasen, durch die Du Dich durchquälst.

Der Weg zum Ziel ist genauso wichtig, wie das Ziel.

Dein Denken bestimmt Dein Leben, all Deine Skills und Deine Arbeit spielen keine Rolle, wenn Dein Denken und Deine Einstellungen negativ sind. Dann geht es Dir so oder so schlecht. Genau aus diesem Grund kommen jetzt Rezepte, die spezifisch auf Dein Denken und Deine Einstellungen eingehen und sie optimieren. Konfrontiere Dich mit Deinen Denkweisen und Einstellungen und stelle sie auf die Probe! Jetzt geht's los, einfach weiterlesen!

14

REZEPT Nr. 2
Übernimm Verantwortung!

Wann war Dein erstes Mal? Die Frage zielt nicht auf das, was Du denkst, sondern auf den Moment, in dem Du zum ersten Mal in Deinem Leben Verantwortung übernommen hast. Also: Wann hast Du das erste Mal in Deinem Leben Verantwortung übernommen? Die ersten Aufgaben im Haushalt? Dein erster Job? Dein erstes Schuldbekenntnis? Erinnere Dich an die früheste Situation, fiel Dir das damals schwer? Warst Du überfordert oder ging alles ganz locker?

So oder so, ab einem gewissen Alter übernimmt jeder in seinem Leben Verantwortung. Manche früher, manche später. Beziehungsweise sollte das zumindest so sein. Wenn Du schon lange von zu Hause ausgezogen bist und Deine Mama immer noch Deine Wäsche wäscht, puh, dann jetzt ganz schnell von solchen Gewohnheiten trennen. Verantwortung zu übernehmen, bedeutet in erste Linie, ein gewisses Pflichtbewusstsein zu entwickeln. Du machst nicht mehr andere für Dich und Dein Leben verantwortlich, sondern Dich selbst. Du beendest die ewige Schuldsuche für Fehler und Niederlagen. Auch wenn Du vielleicht gar nicht an Deiner jetzigen Situation Schuld bist, ist es einfach viel schlauer, nicht die Ursachen zu suchen, sondern selber alles in die Hand zu nehmen und zum Besten zu wenden.

Das bedeutet: Auch wenn Du nicht an den Umständen, die Dich bedrücken, Schuld trägst, änderst nur Du sie selbst!

Du triffst Deine eigenen Entscheidungen und trägst die möglichen Konsequenzen. Klar, jeder hat Angst, Fehler zu machen und dann alleine dafür verantwortlich zu sein. Doch aus Fehlern lernst Du, und wirklich niemand ist perfekt. Stehe auch zu Deinen Fehlern und sieh sie als menschlichen Teil von Dir. Stell Dir mal vor, Du könntest keine Verantwortung für Dein Leben übernehmen? Ein alterndes Riesenbaby? Sei froh, dass Du das Privileg hast, denn Eigenverantwortung bedeutet auch Freiheit und Entwicklung. Wachse an Deiner Verantwortung und denke an den Moment zurück, an dem Du das erste Mal Verantwortung übernommen hast, das war doch ein guter Moment, oder? Trimme Deine Einstellung auf Eigenverantwortung! Trau Dich, Verantwortung zu übernehmen und lebe mit den Fehlern!

TO DO

Frage Dich, vor welcher Verantwortung Du Angst hast? Betrifft das eher Dich selbst oder andere? Mach Dir klar, wovor Du Angst hast und überwinde sie, indem Du Dir überlegst, was die schlimmsten Konsequenzen wären? Einmal das Worst-Case-Szenario durchdacht und Du bist besser vorbereitet und Du traust Dich, Verantwortung zu übernehmen.

REZEPT Nr. 3
Die Imput+F-Regel

Ja, Du hast richtig gelesen, die Imput+F-Regel, es geht hier nämlich nicht um Input an sich, sondern um ein weiteres Rezept als Input gegen Deine Aufschieberitis. Eigentlich kommt die Imput+F-Regel aus der Branche Führungsmanagement. Es geht um Richtlinien zur Mitarbeiterdelegation. Also um Fragen wie: Wer macht was, beziehungsweise, wer ist wofür am besten geeignet? Das ganze Prinzip ist sehr wirkungsvoll und deshalb habe ich es einfach auch auf eine persönliche Ebene umgewandelt. So ist es für jeden nützlich! Dein Ziel ist es, diese Imput+F-Regel in Dein Denken einzugliedern. Sie soll ganz normal, ganz alltäglich routiniert abrufbar sein. Wofür steht Imput+F?

I = Inhalt

M = Motivation

P = Person

U = Umfang

T = Termin

+

F = Feedback

Inhalt

Was soll gemacht werden? Definiere die Aufgabe exakt, überlege Dir, worum es genau geht. Das ist der erste Schritt, um immer einen guten Überblick über die Inhalte der Aufgabe zu bekommen. So bricht kein Tohuwabohu in Deinem Kopf aus.

Motivation

Warum und wofür? Worin liegt der Grund für die Aufgabe oder für die Angelegenheit? Was bringt Dir das Angehen der Aufgabe? Insbesondere in Fällen von Aufschieberitis, beispielsweise ein unangenehmes Gespräch mit einem Freund, lohnt es sich, über den eigentlichen Grund nachzudenken. Welche Motivation hast Du, dieses Gespräch zu führen? Vielleicht merkst Du dabei, dass es Dir gar nicht wirklich wichtig ist und dann ist es einfacher, das Gespräch zu führen, beziehungsweise es nicht zu führen. Oder Du merkst, dass es extrem wichtig ist, auch dann weißt Du wieder, wofür Du kämpfst!

Person

Wer ist involviert? Mit wem redest Du, wer hilft Dir? Es gibt immer Experten, die besonders für bestimmte Sachen geeignet sind. Du brauchst Mitstreiter, die zu Dir passen und Dich motivieren. Löse Dich von Personen, die Dich zurückhalten. Klar, Du trinkst trotzdem noch einen Kaffee mit denen oder gehst mit ihnen Fußball spielen, doch in Deinen Projekten, Aufgaben et cetera arbeiten nur Leute mit, die Dich auf irgendeine Art weiterbringen. Das gilt natürlich auch für Menschen, die Dich einfach zum Lachen bringen, auch wenn ihre Arbeitsweise nicht ganz Deine ist.

Umfang

Was gehört alles dazu? Was brauche ich noch? Mach Dir einen genauen Plan, welche Dinge Du brauchst, um alles mit gutem Gewissen zu erledigen. Die Aufschieberitis lebt nämlich von schlechter Planung und schlechte Planung bedeutet, dass der Umfang der Aufgabe nicht ordentlich bedacht wurde. Typisches Beispiel ist ein schlechtes Zeitmanagement. Oder stell Dir Renovierungsarbeiten in Deiner Wohnung vor. Aufgrund schlechter Planung rennst Du dreimal am Tag zum Baumarkt oder löst die Aufgaben stümperhaft. „Irgendwann mach ich es nochmal besser." Wer's glaubt! Bedenke den Umfang Deiner Ziele!

Termin

Bis wann? Wie viel Zeit planst Du ein? Wie viel Zeit ist im Notfall da? Denke hier an das erwähnte Maximalziel aus Band Nr. 1. Hinzu kommen noch Dein Minimalziel und das realistische Ziel, auch bekannt aus Band 1. Das Maximalziel ist Dein Nonplusultra-Ziel, hier erreichst Du alles genau nach Deinen Wünschen. Kurz gesagt: der bestmögliche Fall ist das Maximalziel. Oft spielt uns die Zeit einen Streich und das Maximalziel driftet immer weiter weg. Jetzt teilst Du Deine Zeit neu ein. Dafür brauchst Du eine Portion Vernunft und Realismus. Ein neues realistisches Ziel wird definiert. Die Überlegung ist also, welches Ziel nach dem Maximalziel realistisch und adäquat ist. Für den Fall, dass alles schief läuft, alles in die Hose geht, brauchst Du noch ein Minimalziel. Was ist Dein absolutes Minimum? Was tust Du, damit Du Dein Ziel doch noch erreichst? Durch diese Vorgehensweise verschaffst Du Dir einen Überblick über Deine Ziele und Deine konkrete Zieleinschätzung.

Feedback

Gib Dir Feedback. Wie ist letztlich alles abgelaufen? Was geht besser? Was geht anders? Reflektiere Dein Verhalten und Deine Durchführung. Frage auch Deine Freunde, wie sie die Dinge sehen? Das Feedback hilft Dir, Dich in Zukunft zu verbessern und gibt Dir Kontrolle über Deine Verhaltensmuster.

Das ist die Imput+F-Regel. Befolgst Du diese Einstellungen und Regeln, hast Du immer einen genauen Überblick über Deine Vorhaben. Und das ist eben der beste Weg, gegen die Aufschieberitis anzukommen: Sie und alles andere im Blickfeld haben. Natürlich bleibst Du bei der Umsetzung der Imput+F-Regel flexibel. Nicht immer sind alle Kategorien gleich wichtig, gehe jede einzeln durch und entscheide selber. Nutze die Imput+F-Regel, um Deine Gedanken zu ordnen und bestimmte Eigenschaften in Dein Leben einzugliedern.

TO DO

Welche Aufgabe fällt Dir spontan als erstes ein, die Du mit der Imput+F-Regel prüfen willst? Mach es jetzt! Schreibe Dir das Wort *Imput+F* auf und überlege für jeden Buchstaben, wie es mit Deinem ausgewählten Projekt weitergeht.

REZEPT Nr. 4

Sei dankbar!

Jaja, dankbar sein, das kennst Du schon von klein auf, ganz nach dem Motto: ‚Iss Deinen Teller auf, sonst …‘ Das hat damals schon eher für ein schlechtes Gewissen gesorgt, als für einen leeren Teller. Die Intention ist allerdings gut und richtig. Dankbarkeit ist ein Schlüssel zum Erfolg und auch zum Glücklichsein. Dankbar sein heißt nämlich, Dinge wertzuschätzen und das erweckt positive Gefühle und macht glücklich. Und wer glücklich ist, ist auch motiviert. Und glaub mir, es gibt viele Dinge, für die Du dankbar sein kannst. Du hast vielleicht nur den Blick dafür verloren. Sachen, die Du alltäglich erlebst oder benutzt, Sachen die für Dich selbstverständlich geworden sind, die musst Du wieder als bedeutsam erkennen. Es ist ein ganz normaler Effekt, Dinge, an die wir gewöhnt sind, nicht mehr wertzuschätzen, daran sind schon einige Beziehungen zerbrochen. Die Gesundheit ist auch ein gutes Beispiel: Bist Du gesund, siehst Du nur die Probleme um dich herum. Bist Du krank, hast Du nur ein Problem, Du willst wieder gesund sein, alles andere spielt keine Rolle. Es gibt sogar eine psychologische Richtung, die sich auf das Thema Dankbarkeit spezialisiert, die *positive Psychologie*. Diese behandelt auch den „Broaden-and-Built-Effekt", dieser beschreibt das bereits erwähnte Phänomen, dass Dankbarkeit zu Glück und Motivation führt. Dankbarkeit löst sozusagen eine positive Teufelskette aus!

Hierzu eine kleine Geschichte zur Veranschaulichung: Ein Arbeiter wird gekündigt, er ist wutentbrannt und würde am liebsten seinem Vorgesetzten ordentlich eine knallen. Doch er besinnt sich. Statt auszurasten, schreibt er einen Brief und bedankt sich für die Chance und die Zeit auf der Arbeitsstelle. Sein Chef ist sehr erfreut über diese Reaktion und behält den Angestellten letztlich noch gut im Gedächtnis. Nach ein paar Jahren ist der Arbeiter wieder auf Jobsuche und bewirbt sich bei seinem alten Unternehmen, der Chef ist noch derselbe und hat Kapazitäten für den Arbeiter, der ihm so positiv in Erinnerungen geblieben ist.

Kleine Esoterik-Schelle: Schick positive Energie in die Welt hinaus und Du wirst positive Energie zurück erhalten! Karma und so! Manchmal gibt es Situationen, in denen es schwer fällt, Dankbarkeit zu zeigen. Wenn Du wieder mal nicht weißt, wie Du auch für die alltäglichen Dinge dankbar bist, hier ein kleiner Trick zur Hilfestellung:

Die Fünf-Finger-Methode!

Für jeden Finger stellst Du Dir eine feststehende Frage, die Dich wieder an die Dinge erinnert, für die Du dankbar bist!

> *Daumen: Was ist heute gut gelaufen?*
> *Welche positiven Momente gab es?*
>
> *Zeigefinger: Warum bist Du auf Dich stolz?*
> *Was findest Du gut an Dir?*
>
> *Mittelfinger: Überlege Dir eine gute Sache,*
> *die Du für jemand anderen getan hast, kannst*
> *Du das vielleicht wieder tun?*

Ringfinger: *Für welche Menschen in Deinem Leben bist Du dankbar?*

Kleiner Finger: *Überlege Dir eine bestimmte Sache, für die Du in Deinem Leben dankbar bist.*

TO DO

Führe jetzt für Dich die Fünf-Finger-Methode durch! Besinne Dich auf die Dinge, die wirklich wichtig sind und für die Du dankbar bist!

REZEPT Nr. 5

Am Anfang
ans Ende denken

Das Scheitern von Projekten, Vorhaben und Ideen bedeutet, dass Du sie schon zu Beginn, in der Mitte oder kurz vor Schluss aufgibst. Du bringst sie einfach nicht fertig. Einfach, weil Du nicht weißt *wie*, Du stehst vor einem Problem und das blockiert Dich dann vollkommen. Bevor Du überlegst, wie es weitergehen soll, schiebst Du das Ganze einfach erstmal auf. Du scheiterst so oft, weil Du am Anfang nie oder viel zu wenig an das Ende denkst. Das ist jedoch extrem wichtig, um dranzubleiben. Eine Taktik dafür ist die Festlegung eines großen Zieles. Bekannt aus den ersten beiden Büchern rede ich vom Maximalziel. Das Maximalziel ist das Nonplusultra-Ziel. Das Ziel, das Du im besten Fall erreichst. Und genau an dem orientierst Du Dich am Anfang Deiner Planung. Das ganze Prinzip, also, schon am Anfang ans Ende zu denken, wendest Du auf Dein ganzes Leben an, insbesondere mit dem Rezept Nr. 16 *Grabrede*. Bei jedem Projekt und jedem Ziel denkst Du von nun an generell am Anfang schon ans Ende: Zu wissen, wo der Weg hingeht, hilft Dir, zu verstehen, wo Du gerade stehst. Frag Dich, wie Dein Denken und Deine Einstellung in der Gegenwart sein müssen, um in der Zukunft Deine Ziele erreichen zu können. Hier ziehe ich gerne den Vergleich mit einem Hausbau, ist das Fundament schief gebaut, dann ist auch das restliche Haus verzogen und dadurch unbrauchbar.

Also verinnerliche diesen Gedanken: Am Anfang ans Ende denken! Welche Bereiche gibt es in Deinem Leben, die noch völlig planlos sind? Überleg mal, in welchen Situationen Du unglücklich bist und dann, wie diese Situationen wohl in nächster Zeit weitergehen werden. Nutze dieses Gedankenexperiment, um belastende Situationen zu analysieren und sie bis zum möglichen Ende durchzudenken. Wie willst Du wirklich damit umgehen?

TO DO

Denke a) eine Beziehung/Freundschaft und b) einen Traum/Wunsch, die Dich gerade beschäftigen von Anfang bis zum Ende durch. Welche Erwartungen hast Du und sind diese momentan realistisch? Was tust Du, um sie zu verwirklichen?

REZEPT Nr. 6
Fokussiere Deine Stärken!

Fokussiere Dich auf Deine Stärken. ‚Na klar', denkst Du wahrscheinlich, ‚das ist doch komplett logisch'. Doch leider gar nicht so einfach. Die meisten Menschen lassen sich schnell entmutigen und definieren sich mehr über ihre Schwächen, als über ihre Stärken. Die Angst zu versagen und der Druck, am Ende als Verlierer dazustehen, lenkt unsere Aufmerksamkeit oft auf das, was wir nicht (so gut) machen. Deine Stärken hingegen nimmst Du als selbstverständlich hin. Erst wenn jemand anderes Dir eine positive Rückmeldung zu Deinem Verhalten oder Deinen Eigenschaften gibt, erkennst Du auch mal selber Deine Stärken. Viele Leute wenden enorme Energien auf, um ihre Schwächen zu bekämpfen, sie doktern an ihren Mängeln herum und betreiben doch nur Schadensbegrenzung. Dabei ist die Wahrscheinlichkeit, dass jemand nach oben kommt, weil er seine Stärken stärkt, um 50 Prozent höher, als wenn er seine Schwächen repariert. Kurz gesagt:

Hänge Dich nicht an Deinen Schwächen auf,
sondern konzentriere Dich auf Deine Stärken!

Sei stolz auf Deine Fähigkeiten. Natürlich ist auch stolz sein gar nicht so einfach, weil Du schnell als Angeber dastehst oder selbstgefällig wirkst. Selbstverliebte Trottel sind immer nervig und eine der größten Belastungen am Arbeitsplatz. Es gibt jedoch einen Unterschied zwischen diesen

Trotteln und Menschen, die wissen, was sie draufhaben und gute Arbeit leisten. Selbstbewusst zu sein, heißt nicht, automatisch auch selbstgefällig zu sein. Halte Dich dabei an diese Regel: Achte auf Deine Mitmenschen! Das ist nämlich die nervigste Eigenschaft selbstüberzeugter Menschen, sie achten einfach nicht auf ihr Umfeld. Ohne Punkt und Komma drängen sie Dir ihr Können auf. Dabei möchte jemand anderes vielleicht auch noch etwas dazu sagen. Bist Du Dir in einer Situation unsicher, dann frag einfach mal nach, ob noch jemand etwas sagen will oder eine andere Idee hat. Versuche Deinen Redeanteil zu kontrollieren und halbwegs niedrig zu halten. Wenn Du die ganze Zeit laberst, dann machst Du etwas falsch. Das heißt nicht, dass Du Dich selbst zwingst, Dein Potenzial niedrig zu halten, nein darum geht's nicht. Sondern es geht darum, auch Deine Mitmenschen wahrzunehmen. An sich gilt natürlich: Wenn Du in etwas gut bist, dann halte Dich nicht zurück, gib immer 100 %. Hier hast du die Chance, Dein ganzes Potenzial auszuleben und gute Arbeit zu leisten, denn jeder braucht Erfolgserlebnisse. Menschen sind in allen möglichen Dingen gut, nicht immer sind diese Dinge so greifbar, wie zum Beispiel, als erstes beim Wettrennen anzukommen. Manche Menschen laufen in zwischenmenschlichen Beziehungen zur Hochform auf und helfen anderen durch ihre extreme Empathiefähigkeit. Mach Dir klar, dass es alle möglichen Stärken gibt und nicht jede messbar ist. Eine Methode zu Deiner persönlichen Stärkenfindung findest Du im nächsten Rezept.

TO DO

Befrage drei Freunde, drei Kollegen und drei Menschen aus Deiner Familie nach ihrer Einschätzung Deiner Stärken. Welche wiederholen sich? Gibt es ein Muster?

REZEPT Nr. 7
Stärken- und Schwächenanalyse

Die meisten Menschen denken viel zu selten über sich selbst, beziehungsweise über ihre Stärken und Schwächen nach. Und wie im Rezept 6 festgestellt, konzentrieren sich die meisten dann auch noch auf ihre Schwächen. In der Selbstreflektion wird nie ausgewogen über Stärken und Schwächen nachgedacht. Entweder Du badest in Selbstmitleid oder strotzt vor Selbstüberzeugung. Eine ausgeglichene Analyse ist aber viel sinnvoller. Deshalb ist es regelmäßig Zeit für eine geplante Stärken- und Schwächenanalyse. Wie die am besten aussieht, das erfährst Du in diesem Rezept.

Im Laufe Deines Lebens verändern sich Deine Kompetenzen, Du lernst dazu oder legst Dir neue Macken an. Das Leben ist dabei eine stetige Transformation. Doch es gibt auch bestimmte, bleibende Eigenschaften. Diese ziehen sich durch das ganze Leben eines Menschen. Sie machen Deine Persönlichkeit aus. Im Folgenden stelle ich Dir zwei Tests vor. Diese Tests unterscheiden wir in zwei Kategorien, die *Hard Skills* und die *Soft Skills*. Für beide Tests ist eine ehrliche und realistische Einschätzung des Ist-Zustands Voraussetzung.

Hard Skills: Fähigkeiten, die durch Zeugnisse, Zertifikate, Referenzen, Urkunden und Bescheinigungen relativ einfach nachzuweisen sind. Diese sind insbesondere bei Bewerbungsgesprächen wichtig, da sie leicht anschaulich und aussagekräftig sind. Beispiele: Führerschein, Abschlusszeugnis, Berufsbezeichnung, Lebenslauf.

Soft Skills: Fähigkeiten, die eher durch persönliche Eigenschaften geformt sind. Sie betreffen also Deinen Charakter und Deine persönliche Arbeitsweise. Soft Skills spielen sowohl in Deinem Arbeitsleben, als auch in Deinem persönlichen Leben eine wichtige Rolle. Beispiele: Strukturiertheit, Emotionalität, Empathie, Pünktlichkeit.

1. Test Hard Skills

Um Deine Hard Skills herauszufinden, musst Du eigentlich nur in Deinen hoffentlich topaktuellen Lebenslauf schauen. Um noch weiter in die Tiefe zu gehen, beantwortest Du folgende Fragen:

1. *Worin warst Du als Kind richtig gut?*

   _____

   _____

   _____

2. *Worin bist Du heute richtig gut?*

   _____

   _____

   _____

3. *Was ist Dir schon immer leicht gefallen?*

_____

_____

_____

4. *Welche Zeugnisse und Bescheinigungen hast Du?*

_____

_____

_____

5. *Was waren persönliche Erfolge von Dir?*

_____

_____

_____

6. *In welchen Bereich kennst Du Dich richtig gut aus?*

_____

_____

_____

Jetzt hast Du einen genauen Überblick über Deine Hard Skills. Was sagst Du?

Bist Du zufrieden mit Deinen Hard Skills?
○ *JA*   ○ *NEIN*

Ist da noch was ausbaufähig?
○ *JA*   ○ *NEIN*

Nutzt Du Deine Hard Skills auch wirklich?
○ *JA*   ○ *NEIN*

Was meinst Du also? Bist Du zufrieden mit Deinen Fähigkeiten? Wenn nicht, dann schreib Dir auf, was Du noch ausbauen möchtest. Wo siehst Du noch Potenzial? Und wie nutzt Du dieses Potenzial? Blätter schon mal ins Kapitel 6 *Listen* und lies Rezept Nr. 28, auf diese Liste schreibst Du Deine ausgearbeiteten Ideen zu Deiner Hard-Skills-Erweiterung.

2. Test Soft Skills

Kreuze je nachdem, wie Du Dich selbst bezüglich des vorgegebenen Soft Skills einschätzt, die Spalte ‚Stark‘, ‚Mittel‘, ‚Schwach‘ an. Wenn Du Dich zum Beispiel als super spontan beschreibst, ist Deine Ausprägung dafür stark. Bist Du eher nicht spontan und sehr planungsfreudig, dann kreuzt Du schwach an. Bei solchen Ankreuztests neigt die Mehrheit der Menschen zu einem durchschnittlichen Mittelweg, das heißt, sie vermeiden „extreme" Antworten. Mach Dir deshalb bewusst, dass Du hier niemandem etwas beweist, sondern diesen Test nur für Dich machst. Rede Tacheles mit Dir selbst und schätze Dich ehrlich ein.

Soft Skill	Stark	Mittel	Schwach
ängstlich			
begeisterungsfähig			
chaotisch			
dominant			
emotional			
freundlich			
gründlich			
harmonisch			
impulsiv			
jähzornig			
kritikfähig			
locker			
motiviert			
nachsichtig			
organisiert			
planlos			
quirlig			
ruhig			
spontan			
teamfähig			
übergenau			
vertrauenswürdig			
wild			
Xelbstbewusst			
Yorgfältig			
zurückhaltend			

So nachdem Du nun diese 26 Soft Skills bewertet hast, weißt Du wieder etwas mehr über Dich. Jetzt suchst Du Dir drei aus, die Du an Dir besonders gut findest und drei die Dich besonders stören.

Gut	Schlecht
1.	1.
2.	2.
3.	3.

Reflektiere jetzt, welche von diesen Stärken und Schwächen Du wann benutzt, in welchen Situationen helfen sie Dir oder hemmen Dich? Wenn Du erstmal weißt, was genau hinter Deinem Verhalten steckt, kannst Du damit auch arbeiten. Frag mal Dein Umfeld, ob sie Dir auch die drei gewählten Stärken zuschreiben würden. Wie verstärkst Du diese noch weiter? Und versuch mal mit Deinem engsten Freund/in über die gewählten Schwächen zu reden. Wie brichst Du sie auf? Mein Tipp: Fokussiere Dich eher auf das Ausbauen Deiner Stärken, das ist oft leichter, als die Schwächen zu bekämpfen.

Stärken stärken schwächt Schwächen.

TO DO

Überleg mal, was Du als Deine größte Stärke bezeichnest? Sei stolz und respektiere Dich für diese besondere Stärke.

REZEPT Nr. 8
100 Punkte

Taktiken, um Dir selbst in den Allerwertesten zu treten, funktionieren am besten spielerisch. So wie früher! Mach aus Deinem eigenen Leben ein Spiel und besiege den Endgegner der Aufschieberitis! Was hat jedes Spiel? Na klar, Regeln! Auch für dieses Spiel legst Du ein paar Regeln fest, diese Regeln leiten sich aus Deinem Lebensstil und Deiner individuellen Aufschieberitis ab. Vor den Regeln erkläre ich noch kurz die Vorgehensweise: Das Prinzip des Spiels ist ganz einfach, es besteht aus einem Punktesystem. Das Ziel ist es, jeden Tag zum Beispiel 100 oder mehr Punkte zu erreichen. Du sammelst Punkte, indem Du Aufgaben erledigst und dabei unterscheidest Du die Aufgaben in zwei Kategorien:

Basics: *10 Punkte*

Specials: *30 Punkte*

Die Kategorie Basics umfasst Aufgaben, die Du fast täglich erledigst, Dinge die zwar nerven, doch gemacht werden müssen. Basicaufgaben sind Müll runterbringen, Abspülen, Putzen, Einkaufen, Aufräumen, Wäsche waschen und so weiter, alle diese Aufgaben geben 10 Punkte. Die Specials sind Dinge, die Dich besonders nerven und auf die Du absolut keinen Bock hast. Oder auch Dinge die einen besonders hohen Zeitaufwand beanspruchen. Für diese Specials kriegst Du ganze 30 Punkte. Specials sind zum Bespiel, die Steuererklärung, das Streitgespräch mit Deinem Vermieter, der Weihnachtsgeschenkkauf, die Präsentation auf der Arbeit, die Abgabe der Hausarbeit und, und, und. Alles, was für Dich eben besonders nervig ist und was Du besonders gerne aufschiebst. Zur Erinnerung, das Ziel ist es, täglich 100 oder mehr Punkte zu scoren.

Du brauchst auch keine Liste für die jeweiligen Punkteverteilung, da die Einteilung in Basics und Specials ziemlich eindeutig und vollkommen ausreichend ist. Schreib Dir einfach die erledigte Aufgabe mit Punktezahl auf einen Zettel und nimm die 100 Punkte als Ziel. Dieses System motiviert durch den spielerischen Charakter und zeigt Dir dabei noch Deine Erfolge auf! Versuche jeden Tag aufs Neue, Deinen Highscore zu brechen!

TO DO

Wie viele Punkte hast Du heute gesammelt? Überleg mal, welche Basics und welche Specials Du heute schon erledigst hast und wie viele Punkte das zusammen bringt? Was tust Du, um am Ende des Tages die 100 Punkte zusammenzuhaben?! Mit wem könntest du spielen?

REZEPT Nr. 9
Kritik ein- und austeilen

Kritik ist alltäglich. Du kritisierst, wirst selbst kritisiert, von Deinen Freunden, Eltern und Partner. Es ist einfach im Wesen des Menschen veranlagt, nachzudenken und zu hinterfragen. Und das ist letztlich Kritik, konstruktive zumindest. Dabei schaffen es die einen mehr, die anderen weniger, das Ganze konstruktiv rüberzubringen. Kritik bedeutet nicht gleich schlechte Laune, Kritik ist auch eine Chance, das Beste aus Dir rauszuholen. Wie schätzt Du Dich ein? Bist Du eher ein gelassener Typ oder schnell beleidigt? Kannst Du selber konstruktive Kritik äußern oder fehlen Dir oft die richtigen Worte? Dieses Rezept beschäftigt sich mit den Grundprinzipien des „richtigen" Umgangs mit Kritik. Was hat das mit Aufschieberitis zu tun? Naja, um Kritik einzustecken und zu äußern, musst Du wissen *wie*. Das ist der Grundstein, damit Du es dann auch machst. Und hier ist der Punkt: Wer kritisiert gerne? Und wer konfrontiert sich gerne mit seinen Schwächen? Das schiebst Du doch auch gerne auf, oder? Also kommen jetzt einige hilfreiche Tipps!

Es gibt Situationen, da ist Kritik unerlässlich. Ob auf der Arbeit oder Zuhause. Wenn Dir die Inkompetenz von jemandem ins Auge springt, dann ist es sozusagen Deine Pflicht, etwas zu sagen. Du achtest dabei auf die Art und Weise, *wie* Du etwas sagst! Ganz behutsam und immer sachlich und respektvoll. Am besten schlägst Du gleichzeitig einen Lösungsansatz vor! Sei direkt und ehrlich, verschönere nicht und sei auch nicht zimperlich. Du versuchst alles, um auf einer Augenhöhe mit Deinem Gegenüber zu sprechen. Rede dabei immer in Ich-Botschaften, das wirkt nicht so aggressiv wie Du-Botschaften. Beispiele:

> *„Du bist egoistisch!"*
> → *„Ich fühle mich vernachlässigt."*
>
> *„Du hast einen Fehler gemacht!"*
> → *„Ich glaube, da ist was schief gegangen."*
>
> *„Bist Du bescheuert?"*
> → *„Ich habe die Vermutung, Du hast nicht richtig aufgepasst."*

Und wie gehst Du richtig mit Kritik um? Mach Dir als erstes bewusst, dass Kritik eigentlich immer nur ein gut gemeinter Rat ist. Jemand will Dir helfen, etwas besser oder einfacher zu machen. Wenn Dein Gegenüber dabei wie ein arroganter Besserwisser klingt, ist es natürlich nicht so einfach, gelassen und aufgeschlossen zu bleiben. Kannst Du nicht über dem Getue stehen, dann weise Dein Gegenüber einfach darauf hin. Keine Spielchen, kein Bockigsein, sag einfach gerade heraus, dass die Art und Weise, wie er mit Dir redet, unangenehm ist. Ungefähr so: „Danke dass du mir helfen willst, aber die Art und Weise, wie Du das sagst, ist etwas anstrengend." Durch Fehler lernst Du und deshalb ist es gut, wenn Dich Leute auf Deine Fehler ansprechen. Lieber vom Richtigen kritisiert, als vom Falschen gelobt werden.

Es gibt nicht die eine richtige Art, mit Kritik umzugehen, aber es gibt viele falsche:

ignorieren

ärgern

heulen

verneinen

entschuldigen

ankämpfen

...

Mein Rat: Nimm jede Kritik ernst, setz Dich mit ihr auseinander. Bist Du anderer Meinung, dann rede darüber. Nicht einfach einstecken, sondern versuchen, einen offenen, gelassenen und konstruktiven Dialog zu führen.

TO DO

Übe Dich im Kritikeinstecken! Beim nächsten Treffen mit einer Dir nahestehenden Person, fragst Du diese Person, was sie für Deinen größten Fehler hält. Challenge: Nicht beleidigt sein!

REZEPT Nr. 10
Eigenlob stinkt nicht!

Für Deine Fehler kassierst Du immer, für Erfolge bleibt das
Lob leider oft aus. Das ist Schei...! Wenn es sonst niemand
macht, mach es selbst! Lobe Dich! Fehlen positive Rück-
meldungen, tendieren Menschen dazu, aufzugeben und ver-
mehrt aufzuschieben. Umgekehrt wirkt Wertschätzung
enorm positiv, wie etwa Albert Bandura, Psychologie-Pro-
fessor an der Stanford-Universität, nachwies: Gelobte sind
motivierter, stecken sich höhere Ziele und fühlen sich diesen stärker verpflichtet. Teilweise unterstellen sie sich sogar
bessere Fähigkeiten, was wiederum ihre Leistungskraft ver-
bessert. Bandura entwickelte auch das Konzept der Selbst-
wirksamkeitserwartung, dieses besagt (kurz gefasst), dass
Menschen, die an sich selbst glauben und sich Dinge zu-
trauen, auch wirklich mehr erreichen. Personen die also ein
gefestigtes Selbstvertrauen haben und optimistisch mit Aufgaben umgehen, haben eine hohe Selbstwirksamkeitserwar-
tung. Hier zeigt sich wieder die enorme Stärke unseres Wil-
lens, das heißt, dass Kraft nur durch unser Wollen ausge-
schöpft werden kann. Passend zu meinen Motto: Stell Deinen inneren Dialog auf Erfolg. In Banduras Forschungen
stellt sich heraus, dass Menschen mit einer hohen Selbst-
wirksamkeitserwartung durchschnittlich ein höheres Durchhaltevermögen haben, weniger stressanfällig und erfolgreicher in der Karriere sind. Du hast Deine Zukunft selber in
der Hand. Behalte diesen Gedanken immer im Hinterkopf.
Verinnerliche die Einstellung, dass Lob gut, angebracht und

notwendig ist. Meine gute Freundin und Kollegin Christine Carus hält zu diesem Thema auch einen phänomenalen Vortrag: Eigenlob stimmt! Wir beide kennen uns schon lange und sind uns über die positive Wirkung von (Eigen-)Lob und dessen Bedeutsamkeit einig. Wie Du richtig mit Lob umgehst und wie Du selbst Erfolge feierst, dazu berate ich Dich im nächsten Rezept!

TO DO

Was hast Du heute getan, worauf Du stolz bist? Auch kleine Dinge zählen! Überleg mal! Und hier noch eine weitere Aufgabe für Dich: Verteile eine Woche lang jeden Tag mindestens ein Lob! Du wirst sehen, dass auch Du Positives von diesem Verhalten erhältst.

REZEPT Nr. 11
Erfolge feiern

Erfolge feiern? Das hört sich doch nach einem super Rezept an ☺. Überleg mal, belohnst Du Dich oft genug für Deine Erfolge? Das ist extrem wichtig, ähnlich wie das Loben aus Rezept Nr. 10. Vielen fällt das Feiern extrem schwer. Eine Belohnung steht nicht nur am Ende eines Projekts oder einer Aufgabe, nein, belohne Dich auch für Teilerfolge! Es ist ein Fehler, nur den Bachelor-Abschluss, den Master-Abschluss, den Anfang eines neuen Jobs und so weiter zu feiern. Denk mal an die ganzen kleinen Schritte, die dahinter stehen! Um Prokrastination in den Griff zu bekommen, ist Selbstdisziplin nötig, manchmal auch Druck. Deshalb ist Belohnung am Ende wichtig, um sich bei Laune zu halten. Was alle Erfolgreichen letztlich eint: Sie halten die Lücke zwischen Absicht und Ausführung sehr klein. Und den Spaßfaktor groß. Ohne die richtige Motivation kann kein Mensch (auf gesundem Weg) immer weitermachen. Deshalb feiere Deine Erfolge! Lobe Dich für Deine Einfälle und Anstrengungen! Und zwar immer wieder! Das ist nämlich der nächste Fehler, einmal gefeiert, schon wieder vergessen. Doch die Erfolge aus unserer Vergangenheit motivieren uns auch in der Zukunft. Verabschiede Dich von dem Stigma der Bescheidenheit, Erfolge feierst Du ja für Dich und nicht für andere. Klar, niemand mag große Prahler, doch wie gerade erwähnt, liegt hier der Punkt: feiere Deine Erfolge für Dich! Und das machst Du auch mal alleine, du hast niemandem etwas zu beweisen, klopf Dir selber auf die Schulter.

Auf die Bestätigung von anderen kommt es dabei nicht an: Erstmal lernst Du Dich selbst zu feiern. Nimm Dir Zeit dafür, setz Dich abends mal gemütlich mit einem Tee, ja oder einem Bierchen auf die Couch und denk an Deine letzten Erfolge. Freu dich darüber!

TO DO

Einen Abend nur für Dich, keine Ablenkungen, keine Anrufe oder sonst was. Nimm Dir ein Blatt Papier und schreib Dir auf, was Dich stolz an Dir und Deinem Leben macht. Ja und gleich weitermachen: Worauf wirst du zukünftig stolz sein?

REZEPT Nr. 12

Mutterinstinkte

Deine To-Do-Liste ist voll, Du hast noch tausend Ideen im Kopf und eigentlich arbeitest Du an drei verschiedenen Aufgaben gleichzeitig. Kann das gut gehen? Na, du weißt die Antwort schon selbst, oder? Zu viele Sachen gleichzeitig zu machen, spart keine Zeit, geht nicht schneller und macht Dich nicht besser.

Im zweiten Teil von *33 Rezepte gegen Aufschieberitis* gibt es ein Rezept, das heißt: ‚*Vergiss Multitasking!*‘ Kurze Auffrischung: Multitasking heißt, dass wir die zeitliche Mediennutzung durch Multitasking verdichten! Also Netflix, Smartphone, Radio und Fernsehen gleichzeitig. Das bedeutet, dass drei Stunden Mediengebrauchszeit durch das gleichzeitige Nutzen mehrerer Medien eigentlich viel mehr Mediengebrauchszeit ist. Studien beweisen, dass Menschen nicht produktiver sind, wenn sie mehrere Aufgaben gleichzeitig erledigen. Das Gegenteil ist sogar oft der Fall: Es hindert sie, konzentriert auf ein Ziel hinzuarbeiten. Verabschiede Dich also von dem Gedanken, mehrere Projekte oder Aufgaben gleichzeitig zu erledigen. Dann schaffst Du nur halb so viel und verlierst Dein Herzensprojekt aus den Augen. Deine wichtigsten Prioritäten schiebst Du dann für Dinge auf, die Dir eigentlich gerade egal sind. Rezept Nr. 12 besagt deshalb: Entwickle Mutterinstinkte! Beschütze Dein Baby mit allem, was Du hast! Mach Dir klar, was Dein Projekt Nr. 1 ist, prüfe das beispielweise mit der

ABC-Analyse aus Rezept Nr. 19, und kümmere Dich mit voller Energie darum. Schütze Dein Baby, Dein Prio-A-Projekt und schotte Dich dafür auch mal ab. Verinnerliche diese Einstellung, sie ist enorm hilfreich, um am Ball, beziehungsweise am Baby, zu bleiben.

TO DO

Was ist Dein Herzensprojekt für die nächsten vier Wochen? Entwickle bewusst Mutterinstinkte und schiebe es nicht weiter auf. Du musst es füttern, wickeln und lieben.

REZEPT Nr. 13

Lebe im Moment

Wie lebst Du im Moment? Was soll das eigentlich bedeuten? Den Spruch hast Du ja sicher schon oft gehört. Es wird klarer, wenn Du Dir vorstellst, was es heißt, in der Vergangenheit oder in der Zukunft zu leben. Wer in der Vergangenheit denkt, lebt unter Schuld und Stolz. Du bist gehemmt durch frühere Fehlschläge und beeinflusst durch frühere Erlebnisse. Klar, Du lernst auch aus diesen, bleib aber nicht an ihnen hängen. Du musst weitergehen. Wer in der Zukunft lebt, ist mit den Gedanken nur vorne und kann nichts tun. Die Aufschieberitis betrifft insbesondere die Zukunft, wir schieben wichtige Dinge immer weiter vor uns her, Aussprüche wie: „Ja, das mach ich, wenn ich dann nächstes Jahr mehr Zeit habe" oder „Ach, das mach ich lieber im Sommer" und, und, und sind häufig verwendete Phrasen, um Dinge in die Zukunft zu verlegen. Das ist Quatsch! Nur das Jetzt zählt. Wer im Jetzt lebt, kann Dinge umsetzen. Vergangenheit ist vorbei. Zukunft unsicher. Du kannst nur im Jetzt agieren. Lebe also im Moment. Es klingt abgedroschen, doch es ist einfach wahr. Dieser Gedanke steht hier als letztes Rezept des Kapitels, denn ich finde ihn besonders wichtig.

Weine nicht Deiner Vergangenheit nach und hoffe nicht auf die Zukunft – lebe im Moment!

Was machst Du, wenn der Moment, in dem Du gerade steckst, scheiße ist? Naja, ist eigentlich wieder das gleiche Prinzip:

1. *Zurückträumen in die Zeit, als es besser war, bringt nichts.*

2. *Hoffen, dass es irgendwann besser wird, auch nicht.*

Stell Dir stattdessen folgende Fragen: Was genau ist scheiße? Komm ich damit klar oder nicht? Wie verändere ich die Situation? Kann ich überhaupt etwas an der Situation ändern oder muss ich mich 100 % davon abgrenzen?

In Kurzform zeigen diese Fragen drei Optionen auf: Akzeptieren, Ändern oder Auswandern. Entweder Du akzeptierst es, wie es ist und hörst auf, zu weinen. Kannst Du es nicht akzeptieren, änderst Du etwas. Ist eine Veränderung nicht möglich, wanderst Du aus, also aus der Situation, nicht unbedingt aus Deinem Land. Worst Case: Du bist in einer unglücklichen Situation, die Du weder ändern, noch ihr entkommen kannst, einzige Option bleibt daher: akzeptieren. Hart, aber wahr.

> *„Die Herrschaft über den Augenblick ist die Herrschaft über das Leben."*
> *– Marie von Ebner-Eschenbach –*

TO DO

Wie sieht's aus? Bist Du gerade unzufrieden? Anstatt lange zu grübeln, gewöhn Dir an, in negativen Situationen an die drei ‚A's zu denken: Akzeptieren – Ändern – Auswandern. Was wählst Du, um im Moment zu leben?

3
Entspannungs-
techniken

Die Welt dreht sich unaufhörlich und das scheinbar immer schneller! Naja, es ist nicht die Welt, die sich schneller dreht, sondern unser Leben. Durch Digitalisierung und stetigen Wandel leben die Menschen in ständiger Beschleunigung. Immer mehr erleben und immer effektiver sein, das bedeutet auch oft mehr Stress und Druck. Kein Wunder, dass immer mehr Menschen wegen eines Burn-Outs monatelang krankgeschrieben werden. Es ist wichtig, dass Du lernst, zu entspannen und Dir aktiv Zeit für Dich selbst zu nehmen. Es gibt viele verschiedene Übungen, für die Du nur wenig Zeit brauchst. Ich verstehe nämlich auch, wenn Du keinen Bock hast, jeden Tag 30 Minuten Yoga zu machen oder sonst was. Also hier drei wunderbare Übungen, die Du (fast) immer und überall durchführen kannst.

1. Die ‚4-6‘-Atmung

Einfach mal tief durchatmen, selbst dafür musst Du Dir heutzutage bewusst Zeit nehmen. Bei dieser Übung atmest Du tief durch die Nase ein und zählst dabei bis vier. Kurz inne halten und beim Ausatmen bis sechs zählen. Wenn es Dir lieber ist, zähle einfach insgesamt bis zehn oder rückwärts von zehn runter. Oder von zwanzig bis zehn. Spielt keine Rolle. Wichtig ist nur, dass Du das ganze drei- bis viermal wiederholst.

2. Traumreise

Eine Traumreise ist eine meiner Lieblingsentspannungsübungen. Im ersten Moment klingt das vielleicht kindisch, trotzdem wette ich, dass Du sie auch lieben wirst. Einfach aus dem nervigen Alltag aussteigen und dahin träumen, wohin Du willst. Mach es Dir für eine Traumreise gemütlich, pflanz Dich auf die Couch oder leg den Kopf auf die Arme. Du schließt Deine Augen und denkst Dich an einen beruhigenden Ort. Ob es das Meer, eine Waldlichtung oder ein Phantasieort ist, ist vollkommen egal. Nur Du musst Dich wohl fühlen. Stell Dir alle möglichen Einzelheiten vor, welcher Geruch herrscht, wie sich der Boden anfühlt, wie der Wind zwischen Deinen Haaren weht.

Eine andere Möglichkeit ist, Dir eine Wunschsituation vorzustellen, erinnere Dich an die Tagträume von früher, in denen Du von Deinem Schwarm geträumt hast. Versuche, Dich wieder in so einen Tagtraum hineinzuversetzen. Stell Dir vor, was Du mal erreichen willst und wie Du dann lebst. Zur Beendigung des Traums überlegst Du Dir ein sanftes Ende der Geschichte und öffnest einfach langsam die Augen.

3. Anspannen – Ausschütteln

Shake it off! Eine kleine körperliche Übung, für die Du am besten aufstehst. Stell Dich gerade und mit festem Stand in den Raum. Deine Füße stehen hüftbreit. Jetzt streckst Du die Arme in die Höhe aus und spannst Deinen ganzen Körper an. Auch die Fingerspitzen! Versuche wirklich, alle Deine Muskeln anzuspannen und zu fühlen. Halte die Position und die Luft für drei Sekunden an. Atme danach lange aus und entspanne Deinen ganzen Körper. Arme wieder locker lassen und dann den ganzen Körper kräftig ausschütteln. Wiederhole diese Übung so oft, wie Du möchtest.

4
Methoden
und Gesetze

Nach diesen Entspannungsmethoden geht es weiter mit dem Kapitel *Methoden und Gesetze*. Im Anschluss an das Kapitel 2 *Denken und Einstellungen*, geht es jetzt um Techniken. Du wendest sie an, um Deinen inneren Erfolgsdialog auf Kurs zu halten. Die Veränderung Deiner Gedanken und

Einstellungen ist definitiv die schwierigere und langwierigere Aufgabe, doch mit diesen direkt umsetzbaren Rezepten klappt auch das. Die folgenden Methoden und Gesetze probierst Du einfach aus, Du kriegst genaue Anleitungen und das Einzige, das Du machst, ist, sie wirklich direkt auszuprobieren! Ich selbst habe alle Rezepte getestet und bin mir sicher, dass für jeden passende dabei sind. Sonst hätte ich sie nicht für dieses Buch ausgewählt. Und den zweiten Schritt, der erste war, dieses Büchlein zu kaufen, machst Du auch alleine: selbst austesten. Insbesondere bei den Methoden und Gesetzen geht es um Effektivität und dafür brauchst Du die zu Dir passenden Rezepte! Finde heraus, welche das sind und lies einfach weiter!

REZEPT Nr. 14
Tea. A Hug in a Cup.

Diese Methode wird ganz schnell zu einem wunderbaren
Ritual für Dich werden! Und zwar geht es um Tee, ja ich
liebe Kaffee auch, in dieser Situation ist er jedoch nicht rat-
sam. Es geht nämlich um den abendlichen Planungstee. Das
ist der Tee, den Du trinkst, während Du Dir abends einen
Plan oder eine To-Do-Liste für den morgigen Tag machst.
Außerdem hilft das Ritual, die Wasseraufnahme pro Tag zu
erhöhen. Wahrscheinlich gehörst Du nämlich auch zu dem
Großteil der Bevölkerung, der viel zu wenig Flüssigkeit am
Tag zu sich nimmt. Im Durchschnitt solltest Du 2,5 Liter
Wasser trinken. Welchen Tee Du zu Deinem Planungstee
auserwählst, ist eigentlich egal. Falls Du ihn kurz vor dem
Zubettgehen trinkst, nimmst Du am besten keinen starken
Schwarztee, wegen des Koffeingehalts. Grüner Tee verrin-
gert Bluthochdruck, Kamille und Salbei wirken entzün-
dungshemmend, Pfefferminze fördert die Verdauung und
der Geheimtipp: frischer Ingwertee, eine absolute Energie-
bombe und Gesundmacher. Finde Deinen Lieblingstee und
entspann mit ihm während Deiner morgigen Tagesplanung!

TO DO

Kauf Dir verschiedene Teesorten, die Du wirklich
noch nie ausprobiert hast, um jeden Tag eine neue Motivation für die Teezubereitung und Deine folgende
Tagesplanung zu haben.

Die nächsten drei Rezepte beziehen sich eng aufeinander, Du kannst sie natürlich auch einzeln anwenden. Ich finde sie in Kombination am besten. Ich empfehle Dir, nachdem Du alle durchgelesen hast, einen ruhigen Abend für Dich zu nehmen und diese drei Rezepte durchzuarbeiten. Sei gespannt und lies einfach weiter!

REZEPT Nr. 15

Zeiten in Liebe
der Konsumwelt

Konsum ist allgegenwärtig. Und wenn Du ehrlich bist, bestimmt der Konsum zum großen Teil auch Dein Leben. Mir
geht es in erster Linie um digitalen Konsum, da dieser maß-
geblich Einfluss auf die Aufschieberitis nimmt. Deshalb
geht es in diesem Rezept, um den Platz, den digitale Medien
in Deinem Leben einnehmen. Es geht um genaue Zeitanga-
ben bezüglich Deines digitalen Konsums, spezialisiert auf
Deinen Smartphone- und TV-Konsum. Diese beiden Bereiche nehmen nämlich durchschnittlich am meisten Platz
beim digitalen Konsumieren ein.

Beantworte folgende Fragen ehrlich und präzise:

1. *Wie viele Minuten TV/Netflix schaust du*
   durchschnittlich pro Tag?

2. *Wie viele Minuten pro Tag bist Du durchschnittlich*
   im Internet oder am Smartphone, also inklusive
   Internetsurfen, Nachrichtenchecken etc.?
   (Denk auch an Busfahrten und ähnliches!)

Rechne diese Angaben hoch auf eine Woche, einen Monat
und schließlich auf ein ganzes Jahr.

h/Tag [=X]	h/Woche [X*7]	h/Monat [X*7*4]	h/Jahr [X*7*4*12]	–25 % [X*7*4*9]

56

Da staunst Du. Die 25 % ziehst Du pauschal nochmal ab, diese stehen für Beziehungspflege, Musik hören, Weiterbildungen durch Lesen im Web et cetera. Das war's dann aber.

Beispiel:

pro Tag 2 h TV + 3 h Smarti = 5 h/Tag

macht: 35 h/Woche

macht: 140 h/Monat

macht: 1680 h/Jahr

−25 % macht: 1260 h/Jahr

Du bist in diesem Fall also 1260 Stunden nur an Deinem Smartphone oder guckst in die Glotze! Das sind 52,5 Tage. Fast zwei Monate! Das ist zu viel. Mal sehen wie viel es bei Dir ist!

TO DO

Rechne Deinen digitalen Konsum aus! Jetzt!

REZEPT Nr. 16

Grabrede

Rückblickend auf Deine Zeiten für die digitale Konsumwelt geht es jetzt um die Konsequenzen, beziehungsweise um die Handlungen, die auf Dein Ergebnis folgen. Dieses Rezept ist vielleicht etwas makaber, doch die Effektivität spricht für sich. Rückblickend auf ‚*Deine Konsumwelt*‘ aus Rezept Nr. 15: Wie viel Zeit brauchst Du davon wirklich in Deinem Leben? Was ist sinnvoll? Hast Du Deine Zeit wirklich genutzt? Bist Du zufrieden? Im ersten Teil der *33 Rezepte* ging es in einem Rezept um die *Mission Statement*. Kurze Erinnerung: Deine Mission Statement beschreibt Handlungen, die Du in der Gegenwart vollbringst, um Deinem Ziel näherzukommen. Auf der individuellen persönlichen Ebene, heißt das konkret formuliert: Deine Taten machen Dich heute und in der Zukunft aus. Mission Statement = Leitbild. Es ist extrem wichtig, zu wissen, wofür Du stehst, wenn Du motiviert sein willst. Richtlinien und Prinzipien geben Sinn und dadurch Durchhaltevermögen, beziehungsweise Kraft. Durch Deine Mission Statement kommst Du Deiner Vision immer ein Schrittchen näher. Du musst vorher wissen, wo es hingehen soll, um den Weg zu finden. Übertrag Dein Mission Statement mal auf Deine Konsumzeiten, was empfindest Du, wenn Du diese gesammelte digitale Konsumzeit auf einem Nenner siehst? Ich gehe davon aus, dass es Bedrückung ist. Wenn nicht, na dann rechne nochmal nach.

So jetzt kommt die Grabrede ins Spiel. Stelle Dir die am Anfang genannten Fragen unter dem Aspekt, dass Dein letztes Stündlein bald geschlagen hat. Es ist Deine fiktive Grabrede, in der Du prüfst, wie glücklich Du mit Deinem Leben bist.

Habe ich meine Zeit wirklich sinnvoll genutzt? Bin ich zufrieden? Bin ich froh über die Stunden vorm TV oder bei Netflix? Bereue ich meinen hohen Smartphone-Konsum? Macht Candycrush wirklich Spaß? Wie viele Missverständnisse durch WhatsApp und Co. sind entstanden? Was würde ich heute anders machen?

TO DO

Lade alle Deine Freunde und Verwandte zu Deiner persönlichen Grabrede ein. Inszeniere Deine eigene Beerdigung und bringe Deine Lieben zum Nachdenken und weg von ihrem Smartphone-Konsum. Sage ihnen, Du bist an einer akuten Smartphoneritis erkrankt. Stop! Das war nur ein Scherz, das wäre wohl zu viel des Guten. Anderer Plan: Nimm Dir diese Woche einen ruhigen Abend vor und denke allein über Deine Grabrede nach. Nach diesem Gedankenexperiment weißt Du, ob Du zufrieden mit Dir selbst und Deiner Zukunft bist. Die Grabrede hilft Dir, einen Überblick über Dein Leben zu erhalten und zeigt Dir mögliche Baustellen auf.

REZEPT Nr. 17
Alternativensuche

Du stehst im Bus und blickst Dich um, was siehst Du? Ungefähr 80 % der Leute starren stur auf ihr Smartphone. Die einen spielen Candy Crush, bei den anderen liest Du eine WhatsApp-Nachricht mit. Dein Handyakku ist leer, ansonsten wärst Du jetzt auch vorm Bildschirm. Nach den letzten beiden Rezepten weißt Du, wie viel Bildschirmzeit Dich einnimmt und in wie weit Dich das stört. Das sind Fakten, die Du erstmal in Deinen Kopf kriegen musst. Die Einstellungen zu Deinem Bildschirmkonsum und Deinen Zielen im Leben sind von Dir abhängig. Nur Du weißt, was Dir gut tut und was nicht. Und auch nur Du findest passende Alternativen dazu! Genau um diese Suche nach Alternativen geht es in diesem Rezept. Du weißt jetzt schon aus Rezept Nr. 15 wie viel Zeit Du an Dein Smartphone oder den Fernseher verlierst. Das ist Schritt Nummer eins. Der zweite Schritt ist die Alternativensuche, was machst Du also anstatt Fernsehen und Co.? Um das zu entscheiden, analysierst Du als erstes die Situationen, in denen Dein Smartphone eigentlich unnütz in Gebrauch ist. Wo genau findet Dein nutzloser digitaler Konsum statt?

Hier ein paar der unnötigsten Situationen plus mögliche Alternativen:

- *If you snooze – you loose: Snoozing am Morgen*
  → Entspannungsübung zum Wachwerden

- *Netflix beim Frühstück/Mittag-/Abendessen*
  → Genieße einfach Dein Essen!

- *Auto-/Bus-/Bahnfahrten*
  → Lies mal wieder ein Buch!

- *In der Supermarktschlange*
  → Lächle einem Menschen zu!

- *Badewanne*
  → Einfach mal „nur" Nachdenken oder Ruhe

- *Auf dem Klo*
  → Die klassische Zeitschrift

- *Beim Essen, Ausgehen mit Freunden*
  → Volle Konzentration auf die wichtigsten Menschen in Deinem Leben

Schon beim Lesen merkst Du wahrscheinlich, dass es komplett unsinnig ist, sein Smartphone mit in die Badewanne zu nehmen. Weite diese Gedanken einfach mal auf Deinen Alltag aus, brauchst Du Dein Handy wirklich immer bei Dir? Schon mal überlegt, wieder auf ein „Nicht"-Smartphone, also auf ein altes Klapphandy oder so für Deine Freizeit umzusteigen? Weniger Ablenkung = mehr Freizeit. Wie nervig ist es, mit Deinen Freunden in einer gemütlichen Runde zu sitzen und alle checken regelmäßig ihr Smartphone, denn die liegen natürlich griffbereit auf dem Tisch. Wie ist Dein letztes Weihnachten verlaufen? Hat sich das die letzten drei

Jahren ziemlich verändert? Finde Deine unnötige Bildschirmzeit und nutze sie lieber als Zeit für Dich. Mehr Zeit ist vor allem hilfreich im Kampf gegen die Aufschieberitis.

TO DO

Verzichte eine Woche in jeder möglichen Situation auf Dein Smartphone. Schreib Dir jeden Tag auf, ob es Dir gefehlt hat oder ob Dir der Abstand gut tat. Schließe aus diesen sieben Tagesberichten Dein Fazit zu Deinem Smartphone-Konsum.

REZEPT Nr. 18

Projektwoche

Erinnerst Du Dich an die Projektwoche in der Schule früher? Der Grundgedanke war doch eigentlich ganz cool! Ich wandle die Schulprojektwoche gerne als Mittel gegen die Aufschieberitis um. Wie Du vermutlich oft genug bemerkst hast, ist nicht nur das Anfangen mit dem Aufhören, sondern auch das Dranbleiben am Aufhören schwierig. Vorhaben scheitern oft am Durchhaltevermögen der Menschen. Das liegt an der viel zu hohen Erwartungshaltung. Ganz nach dem Motto: Von heute auf morgen für immer! Das geht schief. Mein Tipp: erstmal eine Projektwoche. Denk beispielsweise an die Idee aus Rezept Nr. 17: anstatt morgens zu snoozen, Entspannungsübungen machen. Dieses Vorhaben ist an sich super, doch schwer umsetzbar, denn tief drinnen weißt Du ja, dass Du lieber weitersnoozt, als irgendwelche Übungen zu machen. Stellst Du Dir dann noch vor, das auf lange Sicht durchzuziehen, flacht Deine Motivation ganz schnell ab: „Ist ja eh sinnlos, ich schaffe das nie." Mein Tipp: Leg Deine Ziele in einen überblickbaren begrenzten Zeitraum. Am besten in eine Projektwoche, also sieben Tage. Das hältst Du einfacher durch und wenn es Wirkung zeigt, ist es ebenfalls einfacher, weiterzumachen. Außerdem legst Du so Deinen Fokus auf viele verschiedene Projekte. Projektwochen waren und sind einfach klasse!

TO DO

Überleg Dir für die nächsten vier Wochen vier Projekte. Schreib Dir jedes Projekt in Deinen Kalender.
Beispiele: auf Zucker verzichten, acht Stunden schlafen, täglich Dehnen, täglich 30 Minuten spazierenge-
hen, täglich Zeitung lesen und alles, was Du gerne
machst, wozu Du aber oft keine Zeit findest oder Dir
dafür nimmst.

REZEPT Nr. 19
Die ABC-Analyse

Es gibt Tage, da reicht die Zeit vorne und hinten nicht und die Stunden könnten ruhig etwas langsamer vergehen. Du musst noch einkaufen, eine Überweisung machen, einen Artikel zu Ende lesen, Spanisch lernen, Kuchen backen, Wochenplan erstellen, Mails checken, Bericht fertigschreiben und, und, und. Es sind einfach zu viele Projekte, Aufgaben und Ideen für einen Tag! Wo fängst Du an? Legst Du einfach los und arbeitest alles hintereinander ab? Schlechte Idee! Immer kommen unvorhergesehene Dinge dazwischen und dann fehlt Dir plötzlich der Puffer, die eine wichtigste Aufgabe noch zu erledigen. Du brauchst einen Plan und um diesen zu bekommen, empfehle ich die ABC-Analyse. Diese wurde Mitte des 20. Jahrhunderts von einem Manager der Firma General Electric namens H. Ford Dickie bekanntgemacht. Eigentlich ist die ABC-Analyse auf die Umsatzoptimierung großer Firmen ausgelegt, sie ist jedoch auch sehr gut für die persönliche „Optimierung" zu gebrauchen. Kurz gesagt, die ABC-Analyse hilft Dir, Prioritäten zu setzen und so eine passende Zeiteinteilung für Deine Projekte und Aufgaben zu schaffen. Es ist mal wieder eine ganz simple, doch effektive Methode. Keep life simple. Durch die ABC-Analyse lernst Du, zu rationalisieren und zu optimieren.

Es gibt drei verschiedene Kategorien:

A = Sehr wichtig

B = Mittel

C = Unwichtig

Diese Kategorien sind alle auf die nahe Zukunft bezogen, das heißt, Du kategorisierst alle Deine Projekte, Aufgaben und Ideen der Wichtigkeit nach. Auf welche legst Du Deinen Fokus in den nächsten Wochen? Was hat Priorität A? Angelehnt an Deine Aufgaben führst Du zu verschiedenen Zeitpunkten ABC-Analysen durch, es gibt Tages-, Wochen- oder auch Monatsaufgaben. Nutze die ABC-Analyse und beschäftige Dich als erstes mit den ‚A's, dann die ‚B's und zuletzt die ‚C's. Einfach und effektiv, versuch's mal! Du schaffst mehr Aufgaben und bekämpfst dadurch Deine Aufschieberitis!

TO DO

Hast Du Dich heute unkonzentriert gefühlt? Warst Du überfordert mit der Bewältigung Deiner Aufgaben? Welche schweben Dir noch im Kopf rum? Fertige für diese jetzt eine ABC-Analyse an.

REZEPT Nr. 20
Projekte richtig planen

Kennst Du das, wenn Du einfach den Überblick über Deine Projekte und Ziele verloren hast? Woran liegt das? Was hast Du geschafft und wo bist Du gescheitert oder was ist Dir egal geworden? Was ist der Schlüssel zu der richtigen Projektplanung? Da gibt's natürlich hunderte Tipps und Regeln, für mich hat sich insbesondere eine bewährt: die Planungsdauer beachten. Versuche soweit es möglich ist, Deine Projekte und Ziele nicht zu weit weg zu planen. Denn: was Du am Ende des Jahres machst, naja Du weißt vermutlich selbst, das ist definitiv noch nicht hundertprozentig klar. In der heutigen Arbeits- und Lebensweise ist fast nichts so bedeutsam wie Flexibilität. Und die brauchst Du auch bei Deiner Projektplanung. Es ist frustrierend, sich am Anfang des Jahres alle seine Vorhaben festzulegen und dann am Ende zu merken, dass Du fast keine umsetzen konntest. Der Grund dafür ist meistens nicht, dass Du es einfach nicht geschafft hast, sondern dass sich Deine Prioritäten verändert haben. Neue Projekte sind dazu gekommen, andere sind unwichtig geworden. Das ist ganz normal, ein laufender Prozess. Mein Tipp also: Plane immer in einem Intervall von zwölf Wochen bis drei Monaten. Das ist ein angemessener Zeitraum, um auch größeren Projekten genug Raum zu lassen und gleichzeitig klein genug, um einen guten Überblick zu behalten. Der Pluspunkt ist, dass Du Deine Projekte in planbare und greifbare Nähe legst. Du denkst also nicht, „ach naja, dann schiebe ich das einfach weiter nach hinten ins Jahr", nein, denn jeder Tag zählt in zwölf Wochen. Nimm Deinen Planer zur Hand und überlege, in welcher Woche Du welches Ziel erreichst. Es ist wichtig, allen Deinen Projekten Platz einzuräumen, ob das nun Arbeits- oder Herzensprojekte sind. Es wird auch von Muss-, Kann- und Will-Projekten gesprochen. Die Muss-Projekte sind Projekte, die notwendig sind, um Deine Miete zu zahlen, Deinen Kühlschrank zu füttern und so weiter. Diese Muss-Projekte stehen eigentlich immer im Vordergrund, da sie Deinen Lebensunterhalt finanzieren. Trotzdem sind auch die Kann- und Will-Projekte von großer Bedeutung, denn beide sind für Dein psychisches Wohl zuständig. Kann, muss aber nicht. Die Kann-Projekte sind Ideen und werden besonders oft aufgeschoben, da sie eben nicht unbedingt notwendig sind. Will-Projekte sind echte Herzensprojekte, sie verschaffen Dir Glück und Freude und sind für ein ausgeglichenes Leben unabdingbar. Achte auf ein Gleichgewicht bezüglich all Deiner Projekte!

TO DO

Welche Projekte beschäftigen Dich jetzt gerade? Unterteile sie in Muss-, Kann- und Will-Projekte und überlege, wie Du diese in den nächsten zwölf Wochen ausgeglichen umsetzt!

REZEPT Nr. 21
Termin mit mir

Leider viel zu oft, bleibt viel zu wenig Zeit für uns selbst und unsere Hobbys. Unser Kopf ist voll mit Arbeit, Problemen der Familie oder Freunde und, und, und. Oft bleibt dabei das Selbst auf der Strecke. Es ist jedoch enorm wichtig, dass Du Dir gezielt auch für *Dich* Zeit nimmst. Eben nur für Deine Herzensprojekte. Wenn Du merkst, dass auch Du keinen ausgewogenen Terminkalender mehr hast, führst Du diese Strategie ein: der *Termin mit mir*. Das bedeutet ganz einfach, dass Du Dir wieder mehr Zeit primär für Dich selbst und Deine Hobbys, und auch für Dinge die Du gerne mit Deiner Familie und Deinen Freunden machst, einplanst. Das Ziel des Termins mit mir ist der passende Ausgleich mit was auch immer Dir gerade zu viel ist/wird. Oft fühlst Du Dich unausgeglichen und gestresst, das liegt zum großen Teil nicht an Deinem Umfeld und an Deinen Aufgaben, sondern eigentlich immer an Dir selbst und Deinem Selbstmanagement. Klassisches Beispiel: Du bist überhäuft mit Aufgaben in allen möglichen Lebensbereichen, das führt dazu, dass Du nicht hinterherkommst und Du anfängst mit dem Aufschieben. Das wiederrum nervt Dich selbst und da es überwiegend nicht mal „Deine" Aufgaben sind, reagierst Du gestresst auf die dafür „verantwortlichen" Mitmenschen. Letztlich hast Du Dir einfach zu viel vorgenommen. Mach Dich als erstes für Dich selbst verantwortlich und erst dann für andere. Nimm Dir Zeit für Dich, ansonsten kannst Du nie 100 % für andere da sein. Bei dem Termin mit mir gibt es zwei verschiedene Arten. Du unterscheidest in bleibende Termine und spontane. Bleibende sind länger im Voraus geplante Termine wie Urlaubstage etc., spontane Termine trägst Du Dir prophylaktisch in Deinen Kalender ein. Du musst sie nicht wahrnehmen, aber hältst Dir etwas Spielraum frei. Schaff Dir Deine eigenen Freiräume und erzeuge so einen Gegenpol zur, durch Stress verursachten, Aufschieberitis.

TO DO

Schau in den Terminkalender und plane Dir morgen einen mindestens 30 Minuten langen Termin mit mir ein.

REZEPT Nr. 22
Die ‚1+2=3'-Regel

Es gibt nie genügend Rezepte für eine effektive und einfache Aufgabenbewältigung! Wirklich nie. Da mir dieses Thema besonders wichtig ist, habe ich hier für Dich nochmal die drei Grundgesetze für eine funktionierende Aufgabenplanung zusammengefasst. Ohne diese Regeln verlierst Du Dich im Aufgabenberg und nährst so Deine Aufschieberitis immer weiter. Das Gesetz heißt *1+2=3-Regel*, da es das Einmaleins des Aufgabenmanagements ist. Eine einfache Richtlinie, an die es sich zu halten gilt, wenn Du erfolgreich sein willst.

1. *Wäge immer das **Nutzen-Kosten-Verhältnis** ab! Überleg Dir immer: Lohnt es sich für mich, dieses Projekt zu beginnen? Was kann ich davon erwarten? Habe ich genug Zeit und Energie? Will ich das wirklich?*

2. ***Single Tasking!** Erledige immer ausschließlich eine Aufgabe mit voller Konzentration! Konzentrier Deine ganze Energie auf eine Aufgabe, sonst kannst Du nicht mit voller Zufriedenheit damit fertig werden. Denke an das Rezept Nr. 12 ‚Mutterinstinkte'.*

3. ***Bringe zu Ende, was Du angefangen hast!** Diesen Grundsatz hältst Du ein, wenn Du die ersten beiden auch geschafft hast! Also sei voll und ganz bei Deinem Herzensprojekt und lass es nicht los, bevor Du rundum zufrieden bist.*

TO DO

Schreib Dir Deine momentanen Projekte auf und entscheide Dich für eins, auf dem Dein Fokus liegen soll.
Halte Dich bei diesem Projekt an die 1+2=3-Regel und
lerne anhand ihrer Grundregeln.

REZEPT Nr. X
Der Seinfeld-Kalender

Kennst Du den US-amerikanischen Komödiant Jerry Seinfeld? Jerry ist nicht nur als Komödiant international berühmt, sondern auch als Schauspieler und Autor tätig. In diesem Rezept geht es um ein ganz bestimmtes Erfolgsrezept von Jerry. Das Ganze wird der *Seinfeld-Kalender* oder auch die *Seinfeld-Taktik* genannt. Jerry hat, was seine Witze angeht, den Anspruch, immer aktuell und in Form zu bleiben! Deshalb hat er es sich zum Ziel gemacht, sich jeden Tag neue Witze auszudenken. So wie bei allen Dingen macht nämlich Übung den Meister und Regelmäßigkeit ist dabei der Schlüssel zum Erfolg. Wie genau funktioniert Jerrys Trick? Die Regelmäßigkeit im Verhalten ist natürlich das Ausschlaggebende, doch ebenso wichtig ist es, sich diese Regelmäßigkeit bildhaft klarzumachen. Jerry hat sich zu diesem Zweck einfach einen Jahreskalender mit einem Feld für jeden Tag gekauft und immer, wenn er an einem Tag erfolgreich neue Witze geschrieben hat, macht er ein rotes Kreuz in dem Kalender. So hast Du einen genauen Überblick über Deine Handlungen und Erfolge. Der Clou an der ganzen Sache ist ein einfacher psychologischer Effekt und zwar der Drang des Menschen zur Perfektion. Der Mensch strebt nach Vollendung und Regelmäßigkeit und deshalb ist es ganz logisch, dass Du, wenn Du erstmal einige aufeinanderfolgende ‚X'e gesammelt hast, die Kette nicht abbrechen lassen willst. Allgemein heißt dieses Prinzip auch die Kettentechnik und ist ein ganz simpler und effektiver Motivator. Ähnlich wie beim Wegstreichen eines To-Dos erfüllt uns ein neues X mit Stolz und weckt ein extrem motivierendes Befriedigungsgefühl. Eine wichtige Zusatzregel gibt es noch: Du legst Dir genau fest, ab wann Du Dir ein X in den Kalender machen darfst. Sagen wir beispielsweise, Du hast Dir vorgenommen, jeden Tag 15 Minuten Yoga zu machen, dann reicht es nicht aus, drei Minuten Sonnengrüße für ein rotes Kreuz zu machen. Formuliere also präzise Maßstäbe und halte Dich an sie.

TO DO

Nimm Dir ein Blatt Papier und male Dir einen Kalender für die nächsten zwei Wochen auf. Überleg jetzt, welche Aufgaben für diesen Mini-Seinfeld-Kalender geeignet sind. Vielleicht verzichtest Du zwei Wochen lang auf Süßes oder Kaffee, machst täglich einen 30-minütigen Spaziergang oder versuchst, immer pünktlich auf der Arbeit zu sein. Such Dir Deine Aufgabe und probier die Seinfeld-Technik im kleinen Format aus, um Dich von ihrem Effekt zu überzeugen.

REZEPT Nr. 24

Der Dominoeffekt

Die Aufschieberitis ist eine immer wiederkehrende Krankheit, deshalb schadet es nicht, auch prophylaktisch gegen sie vorzugehen. Du tust jetzt etwas, um Deine zukünftige Aufschieberitis einzudämmen. Genau hier kommt der *Dominoeffekt* ins Spiel! Kennst Du diese Leute, denen scheinbar einfach alles zufliegt? Es sieht bei ihnen so einfach aus. Immer gut gelaunt und fröhlich oder zumindest gelassen. Immer sehen diese Stehaufmännchen das Positive. Wie geht das? Es liegt am Dominoeffekt! Einfach formuliert besagt dieser: Säe Gutes, ernte Gutes. Es ist sozusagen ein Selbstläufer, bist Du positiv eingestellt, strahlst Du auch positive Energien aus, das wirkt ansteckend! Denke immer im Voraus positiv und würdige auch die kleinen Dinge des Lebens, denn auch kleine Dinge können große Auswirkungen haben. Bist Du immer nett zu Deinem Nachbar und nimmst seine Post an, kannst Du Dir dafür sonntags bei ihm Milch für Deinen Kaffee holen.

Festige die Beziehungen zu Deinen möglichen Bekannten, wer weiß, welchen Gefallen sie noch für Dich tun können? Schaffe einen großen Kreis um Dich herum und helfe anderen, dann helfen sie auch Dir! Eben auch bei nervigen Dingen, die Du lieber aufschiebst! Handle so auch in Deinem Arbeitsleben, nimm jeden Kunden und auch seine Extrawünsche und Kleinigkeiten ernst. Jeder Kunde ist auch eine neue Connection. Mühe zahlt sich aus. Tipp: Es ist wichtig,

Vertrauen aufzubauen und das schaffst Du am besten durch persönliche Gespräche und Anrufe.

TO DO

Überlege, wann das letzte Mal aus einer Zufallsbegegnung ein für Dich praktischer Kontakt entstanden ist? Gehst Du offen und positiv auf andere Leute und neue Situationen zu? Achte auf Deine Ausstrahlung, Du wirst dafür belohnt!

REZEPT Nr. 25
Motivationsarmband

Motivation findet nicht nur im Kopf statt, Dein Gehirn kann nicht immer an alles denken, manchmal brauchst Du auch greifbare Objekte und Bilder, die Dich an bestimmte Aufgaben oder Sachen erinnern. Um gegen die Aufschieberitis anzukommen, sind alle Mittel recht und deshalb geht es in diesem Rezept um praktische materielle Hilfsmittel. Beispielsweise ein *Motivationsarmband* oder eine *Motivationstasse*. Ich habe an meinen Arbeitsplatz eine extra angefertigte Tasse mit der Aufschrift ‚*TUN*' stehen und ja, sie hilft mir! Dein Blick schweift umher, Dir ist etwas langweilig, und müde bist Du auch … langsam aber sicher tauchst Du ein ins Traumland. Genau in diesem Moment streift Dein Blick die TUN-Tasse und erweckt Dich aus Deinem Tief. Aufwachen! Weiter geht's! Setz Dir durch diese Hilfsmittel einen Anker, um dranzubleiben! Das Ziel ist es, dass Dein Gehirn bei Blick auf den Motivationsgegenstand, den Impuls des Loslegens, Anfangens, Weitermachens verspürt. Dieser Vorgang wird auch *Konditionierung* genannt. Konditionierung beschreibt einen ganz normalen physischen und psychischen Vorgang. Du hast bestimmt schon mal von der klassischen Konditionierung des russischen Physiologen I. P. Pawlow gehört. Er untersuchte das Reiz-Reaktions-Verhalten von Hunden bezüglich der Nahrungsaufnahme. Kurz zusammengefasst heißt das, dass Pawlow den Hunden die Fütterung durch einen Glockenton ankündigte.

Nach ein paar Malen genügte es, den Glockenton zu schlagen und die Hunde wussten, dass nun Fütterungszeit ist. Der Speichelfluss der Hunde erhöhte sich messbar ab dem geschlagenen Ton. Das ist ein weltbekanntes Beispiel für klassische Konditionierung und diese funktioniert eben auch beim Menschen. Du hast die Möglichkeit, Dich selbst auf bestimmt Reize zu konditionieren und so gewollte Reaktionen in Deinem Gehirn auszulösen. Das hört sich gruseliger an, als es ist ☺. Das Motivationsarmband oder die Motivationstasse ist ein ganz simpler Trick, Dich selbst bei der Stange zu halten!

TO DO

Besitzt Du vielleicht schon einen Gegenstand, der Dich motiviert? Überleg mal! Ansonsten empfehle ich Dir, einen zu finden. Er sollte Dich optisch ansprechen, so dass Du ihn gerne anguckst. Mein Vorschlag: die Motivationstasse.

Der 15-Minuten-Trick

Im ersten Moment klingt dieses Rezept etwas paradox. Worum geht's? Du liegst auf der Couch, Du streunst in der Wohnung rum, Du kritzelst auf Deinem Schreibtisch, der Arbeitstag ist fast vorüber … absolut null Bock mehr. Nicht mal ein minimales Motivationsgefühl kommt hoch. Was machen? Jetzt das Paradoxe: Einfach machen. Nicht Nachdenken, sondern fang einfach an. Schreib den ersten Satz, such die notwendigen Formulare, bring den Müll runter, was auch immer. Es gibt eine Sache, die Du jetzt im Kopf hast: Nur 15 Minuten. Das ist nämlich der Trick bei der Sache: zeitliche Begrenzung. Diese 15 Minuten sollte Dein Wille doch schaffen! Du schaust auf die Uhr und wirst die nächsten 15 Minuten konzentriert an der Sache arbeiten. Bist Du nach den 15 Minuten immer noch nicht eingearbeitet, hörst Du auf. Ohne schlechtes Gewissen, denn Du hast es ernsthaft versucht. Obwohl du keine Lust auf Deine nächste Aufgabe hast, besagt der 15-Minuten-Trick, dass du dich mindestens 15 Minuten mit ihr auseinander setzt. Du versuchst es einfach und guckst, ob du nach 15 Minuten doch reinkommst.

Es funktioniert, da Du nur eine kurze Zeitspanne aufwendest (15 Minuten) um,

entweder

a) Dein Gewissen reinzuwaschen und einzusehen, dass es heute einfach nichts wird,

oder

b) Du nach 15 Minuten doch reinkommst und einfach weiterarbeitest.

TO DO

Sobald Du das nächste Mal auf eine Aufgabe absolut keinen Bock hast, trink ein Glas Wasser und wende dann den 15-Minuten-Trick an. Dieser hilft Dir, anzufangen und in den meisten Fällen auch dranzubleiben, denn das Anfangen ist oft die schwierigste Hürde.

5
Fasten
+ Schweigen
+ Offline
– ein Selbstversuch

Fasten finde ich schon immer super interessant. Was passiert mit meinem Körper? Welche Gedanken und krassen Bilder kommen da hoch und schaffe ich das überhaupt? Um all dies zu erfahren und um mir und meinem Körper Gutes zu tun, habe ich beschlossen, eine geführte Fastenkur zu machen. Ich verbinde dies gleich mal noch mit sieben Tage SCHWEIGEN. Ja genau – Klappe halten. Die ganze Woche habe ich mit Tagebucheinträgen festgehalten und diese lest ihr nun in diesem Kapitel. Also los geht's! Ostsee, für sieben Tage:

- *Schweigen*
- *Heilfasten*
- *Yoga & Meditation*
- *Strandspaziergänge*
- *Offline*

Kurz ein paar Infos zur Woche davor, die sogenannte Vorbereitungswoche, damit sich der Körper und der Geist langsam daran gewöhnen:

- *Kein Fleisch (seit 4 Jahren esse ich sowieso kein Schwein)*
- *Kein Gluten (seit 4 Jahren)*
- *Keine Laktose (seit 4 Jahren)*
- *FDH: Nur die Hälfte essen!*
- *Basisch ernähren!*
- *Suppen, Saft, Wasser, Tee*

TAG 0/7 Rückblick

Die ersten Herausforderungen: Kommentare von anderen meistern, zum Friseur gehen ohne reden und heute Abend auf eine Geburtstagsfeier. Ja, laute Musik, meine liebsten Menschen um mich, also nicht alle, leider, aber alle wollen sich garantiert mitteilen, was ich sonst immer mache. Ich bin gespannt. Das Lustige ist, dass andere dann leiser mit mir reden oder gar nicht mehr, obwohl ich ja weiterhin höre.

Die ersten Gedanken anderer kamen recht schnell. Aussagen wie: „Bei Facebook posten und schweigen? Was ist denn das?" oder „Warum gehst du schweigend auf einen Geburtstag? Das macht doch gar keinen Sinn." Ich dachte, doch: Meinen. Ich habe gemerkt, wie mich das gewurmt hat. Wieso lassen die mich nicht einfach in Ruhe? Die Antwort kam mir recht schnell und damit die 1. Erkenntnis: Weil *ich* sie ebenso wenig bis gar nicht mit ihrer Meinung in Ruhe lasse. Es wurmt mich, weil es mich wurmt. Krass.

Wenn ich „Leben und leben lassen." fordere, sollte ich es auch fördern. Ja, bei mir. Danke, setzen. Werde ich gleich in meine Vorträge einbauen.

„Was ist ein Speaker, wenn er schweigt? Ein Muter!" Sprücheklopfer oder Macher. Der Satz des Abends. Danke an meine Kollegin Cindy!

Es kam, wie es kam und der Geburtstag war sehr schön. Ich habe zum ersten Mal mehr oder weniger nur hingeschaut und hingehört, einfach beobachtet. Ich dachte: ich habe die Menschen da drüben noch nie so genau betrachtet und einfach mal meine Klappe gehalten. Einziger Wermutstropfen: „Schweigen? Das ist doch dumm." Natürlich gab es hier und da den Versuch, mich zum Reden zu bringen – was nicht klappte. Naja, außer beim selbstkomponierten Lied vom Papa der Geburtstagsbiene und den ganzen Tränen vor Rührung, ist mir beim Refrain doch ein Wort rausgeplatzt. Danke Silke, ein schöner Moment.

In diesem Sinne verlasse ich mein geliebtes Leipzig und mache mich auf an die Ostsee.

Gesagte Wörter des Tages: „Leben", „Ja, bitte", „Gefällt mir", „Oh Gott!"

TAG 1/7 Rückblick

Vier Stunden Meditation oder auch: vier Stunden Autobahnfahren. Ohne Musik und Podcast. Wahnsinn, wie ich immer wieder versucht bin, bei WhatsApp reinschauen zu wollen. Wenn ich nicht rede, haben Gedanken überhaupt erst einmal die Chance, die Oberfläche zu erklimmen.

Erster Gedanke: Breche ich das Schweigen, wenn ich laut denke, also Selbstgespräche führe?

Ich freue mich auf die Menschen, die mit mir gemeinsam diese sieben Tage bestreiten. Ein wenig zweifle ich schon an meinem Schweigen, denn der Austausch mit Gleichgesinnten könnte mir in dieser Woche fehlen. Vorher nochmal schnell den Flipper machen und in die Ostsee springen, immer wieder herrlich.

Es geht los. 18:00 Uhr. Begrüßung aller Teilnehmer. „Es sterben mehr Menschen durch Messer und Gabel als durch Waffen." – Was für eine Aussage von den beiden Kursleitern. Wir bekommen den Unterschied zwischen Heilfasten (Hardcoremethode) und Basenfasten erklärt. Alle wichtigen Utensilien wie Einlaufbeutel mit Kokosfett, damit der 30-cm-Schlauch auch schön geschmeidig hineingeht, stehen zur Verfügung. Ach ja und braune Handtücher, macht sich farblich besser, sagt Thilo, der Meister. Zack und schon bekommen wir das Glaubersalz im 0,5-Liter-Teeglas. Runter los, soll sch… schmecken, aber, es ist echt ok. Es gab schon Schlimmeres. Bauch massieren und spazieren gehen, nur nicht soweit, es kann jederzeit losgehen. Den Rest erspare ich euch.

Gesagte Wörter: 0

TAG 2/7 Rückblick

Ich stehe um 7:30 Uhr im Yogaraum und keiner ist da. Prima, ich hätte ausschlafen können. Also ab ins Bad und auf alle viere. Wieso gibt es keinen Emoji für Fasten oder Einlauf? Um 9:00 Uhr gibt es leckeres Frühstück, ein Glas

Tee. Na Danke. Was kann ich machen bei Hunger? Apfelessig und Trinken. Eine Teilnehmerin fragt mich: „Wieso gehst Du zum Frühstück, wenn Du nichts isst?" Antwort: „Ich mag Menschen!" Und die Frage des Tages: „Teilt ihr euch ein Zimmer?" Besser: „Teilt ihr euch eine Toilette?"

10:00 Uhr Strandspazieren (10 km), war ja für Helden der Vergangenheit schon Inspiration. Na mal sehen, was ich Klugscheißer da wieder so von mir gebe. Ach ja – Schweigen. Musik ins Ohr, dann labert mich keiner voll. Ich erinnere mich dabei an eine Kollegin/Therapeutin. Diese sagt zu mir, ich war 23 Jahre alt, „Du denkst zu viel schwarzweiß." Heute weiß ich, dass es nicht das Zu-viel-Denken ist, sondern der nicht adäquate Umgang mit Höhen und Tiefen. Herrliche Sichtweise. Danke. Yeah. Es gibt Mittagessen. Gemüsebrühe aus Fenchel, Kohlrabi und Wasser. Ich komme mir vor wie krank. Dazu gibt es Leberwickel – da wickle ich mir ein feuchtes Tuch und eine Wärmeflasche um die Leber. Damit soll die Selbstreinigung um 40 % erhöht werden. Nach dem Mittagsschlaf nochmal ins Wasser und Lesen bis zum Abendmahl. Es gibt ein Glas Karottensaft. Vielleicht werde ich diese Geschichten in eines meiner nächsten Bücher einbauen. Thilos Abschlussworte: „Durch das Heilfasten muss man sich etwas durchbeißen." Eine Freundin schrieb, dass am zweiten oder dritten Tag ein Tief kommt. Bei mir nicht. Ich lebe immer im „HOCH".

TAG 3/7 Rückblick

6:30 Uhr Morgenritual: Ölziehen, 500 ml trinken, Einlauf, Yoga und Kneipptour ins Meer. Ich muss zugeben, ich hatte schon die letzte Woche „FDH", nur zwei Mahlzeiten am

Tag und basische Nahrung gemacht, dabei gearbeitet und Sport getrieben.

Was mir zu schaffen macht: Der Einlauf ist noch nicht komplett wieder heraus und ich liege am Strand. Also mit Sauna nachhelfen, mit zwei Gängen den Rest vom Wasser noch auspressen. Erkenntnis des Tages: „Wer nicht verlieren kann, spielt mit Regeln."

Zum Abendessen gibt einen Birne-Fenchel-Shake. Wichtig: 2/3 Fenchel und 1/3 Birne.

Heute dachte ich an Pizza, Schokolade usw. Erstaunlich, was alles geht ohne Essen. Eine leichte Müdigkeit in den Beinen, aber ich hatte bis jetzt nur ein kurzes Hungergefühl. Ich nenne es den „Gewohnheitshunger". Da steckt noch mehr dahinter. Wieder eine schöne Inspiration für ein mögliches nächstes Buch.

Gesagte Wörter: 1 „Jo"

TAG 4/7 Rückblick

Morgens 8:00 Uhr, ich bin allein am Strand. Yoga, Meditation (echt hilfreich) und baden gehen. Das wird mir jetzt schon wieder sehr fehlen. Heute bin ich schlapp. Ich merke, wie mir Wasser fehlt. Mir ist kalt. Keinen Appetit. Ich fühle viel Luft in Magen und Darm, die nicht rauskommt. Mittagsschlaf und Sauna.

Highlight des Tages: Dünndarmreinigung. Soll gut sein, fühlt sich echt sch... an. Ich habe fünf Liter warmes Wasser mit Salz geschafft. Dazu ganz viel Yoga, damit die Flüssigkeit sich gut in den Darmzoten verteilt und spült. Mit ist so derartig übel. Hässlich. Naja, aber es hat sich schon gelohnt, zumindest riecht und sieht es danach aus.

Ich soll mich geistig ablenken. Ok. Ich schaue Fußball, für mehr reicht es nicht. Ich will jetzt Döner, Pizza und Thüringer Klöße von Mutter. Game over today.

Gesagte Wörter: 0

TAG 5/7 Rückblick

Leute, heute war ein fantastischer Tag. Erstmal ausgeschlafen, herrlich. Geistig und körperlich fühle ich mich befreit, dennoch etwas schlapp. Ölziehen und Einlauf sind Standard, also ab auf alle viere und zwei Liter rein.

Ich mache heute mein Ding, allein. Die Maschine in Schwung bringen und die „Ketose" ankurbeln. Also eine Fahrradtour zum Leuchtturm und Treppensteigen. Krasse Gefühle in den Beinen. Obligatorisch der Gang ins Meer und danach Wellness. Ein geiler Tag, Massage und Ganzkörperpeeling mit Sauna gönne ich mir. Herrlich, heute fühle ich mich einfach toll.

Zum Abschluss den Shake des Tages: rote Beete mit Apfel. Und nun ins Bett mit Leberwickel, morgen gilt es, den Sonnenaufgang mitzunehmen, inklusive Yoga.

Gesagte Wörter: 0

TAG 6/7 Rückblick

4:30 Uhr Sonnenaufgang am Meer. 5:00 Uhr Yoga am Strand. 5:30 Uhr Meergang/Kneippgang. 6:00 Uhr Einlauf und Ölziehen. 9:00 Uhr fünf Kilometer Joggen. 10:00 Uhr hundert Liegestütz.

Natürlich gehört zum „Bodychange" auch, alte Dinge abzulegen: Haare ab und Nägel schneiden. Mal sehen, wie das gefällt. Nach vier Stunden Sonne tanken und Meer freue ich mich auf das Abendessen. Kurios: meine Freude auf ungesundes Essen wächst von Tag zu Tag. Wahnsinn. Seit 120 Stunden, also seit fünf Tagen, habe ich nichts gegessen. Rock 'n' Roll. Ich bin stolz hoch drei.

Gesagte Wörter: 0

TAG 7/7 Rückblick

Glückselig sitze ich am Frühstückstisch. Alle brechen heute das Fasten und es gibt so tolle und vor allem gesunde Sachen. Lecker. Ich ziehe noch bis Sonntag 15 Uhr durch.

Highlight des Tages: Ich erzähle gern davon, was ich jetzt am liebsten essen würde und alle, ich sag's euch, alle, wollen mir helfen und mich bestärken. Danke, lieb gemeint. NUR: Ich bin stark, Leute. Sagt doch einfach: „Geil, lecker, oh ja das glaube ich." und lasst mich TRÄUMEN. Ist denn das so schwer?

Tägliche Morgenroutine: Ölziehen, hundert Liegestütz, kalte Dusche und Yoga. Auf gehts nach Prora auf Rügen, zum Festival „Tag am Meer". Nüchtern am Strand, Sonne, noch mehr Meer und tanzen bis es Nacht wird. Glückshormone holen. Gute Nacht Du schönes Leben. Auf in einen fantastischen Sonntag. Um 15 Uhr ist Fastenbrechen angesagt.

Gesagte Wörter: 0

TAG 8/7 Rückblick

Heute ist es endlich soweit – Fastenbrechen um 15 Uhr. Bis dahin, kühlen Kopf bewahren.

Ich kann es noch gar nicht fassen. Sieben Tage schweigen waren sehr leicht für mich. Als Speaker und Mental Coach rede ich so viel, dass es für mich eine Wohltat ist, einfach mal die Klappe zu halten. Ich könnte auch einen Monat lang nichts sagen. Na wollen wir es mal nicht übertreiben.

Wie mache ich diesen Moment zu meinem Moment. Im Radio läuft Queen mit „We are the Champions" – wie passend, auch wenn es abgedroschen ist. Gänsehaut. Ich will noch nicht, dass es vorbei ist. Das ist so ein Ding, ein Ding und ich, ich mit mir selbst. Ich kann es nicht beschreiben. Ich mach einfach weiter mit „Mach Dein Ding", einfach immer, im Job, privat, in der Freizeit, in der Liebe. Ende. So jetzt wisst ihr Bescheid.

Normalerweise bricht man das Fasten mit einem Apfel. Mmhhh … langweilig. Ich fahre lieber wie jedes Jahr zu den Schwestern, die ein Café haben und eigenen Kuchen backen. Wahnsinn. Ach und ich lass mich füttern, mal sehen, was die anderen Gäste dazu sagen. Das Video dazu gibt es bei Linkedin und Instagram. Ein grandioser Moment und ein Geschmacksgefühl, herrlich.

Danksagung

Liebe Heike, cooler Thilo: Ich danke euch von Herzen:

- *für eure Art.*
- *für eure Betreuung.*
- *für das Rundumprogramm.*
- *für meine Ruhe, die ich haben durfte.*
- *für die Dünndarmreinigung.*
- *für diese grandiose Erfahrung.*

Kann ich euch empfehlen? UNBEDINGT:

www.fasten-gesundsein.de

Wer dies machen möchte: immer liebe Grüße ausrichten von Daniel, dem Schweigsamen.

Fazit

Ich kannte und kenne mein wahres Limit nicht und bin so stolz. Ich habe tolle Erkenntnisse und Ideen gewonnen, für mich und für meine Arbeit als Mental Coach. Ich werde dies wieder machen, wahrscheinlich dann 14 Tage und auch wieder inklusive Schweigen. Ich werde das Kurzzeitfasten monatlich für je ein Wochenende einbauen. Mein Wochen-ende. Das sind meine Ziele, die ich aus dieser Erfahrung mitgenommen habe. Es war eine super Entscheidung dieses Vorhaben nicht weiter aufzuschieben und endlich durchzu-ziehen. Empfehle ich herzlich weiter!

6
Listen

Auch wie im letzten Teil der *33 Rezepte gegen Aufschieberitis* kommt wieder das Kapitel *Listen*! Listen sind nicht zu unterschätzen; wenn Du Deinen Tag kurzfristig umplanst oder neu priorisierst, sind Listen einfach das perfekte Mittel. Sie verschaffen zum einen Überblick und zum anderen ein befriedigendes Gefühl beim Durchstreichen oder Wegwerfen. Du verschaffst Dir mit Listen unmittelbare Erfolgserlebnisse und das ist eben einfach extrem motivierend. Wie es im ersten Teil heißt: Streiche Dich positiv! Das Motto bleibt gleich, nutze Listen, um Dich selbst zu motivieren. Zum Beispiel die *Bucket-Liste* oder im deutschen auch Löffelliste, aus Teil 2 von *33 Rezepte gegen Aufschieberitis*, hat das Ziel, Deine Träume zu ordnen und auch wirklich im Auge zu behalten. Auf dieser Liste schreibst Du alles auf, was Du machen willst, bevor Du den Löffel abgibst. Und so einen Wunsch, beziehungsweise Punkt auf der Liste, nimmst Du Dir dann so oft Du kannst vor (mindestens einmal im Monat). Ansonsten wird wieder aufgeschoben, aufgeschoben, aufgeschoben. Und das verhindern Listen! In diesem Kapitel stelle ich Dir drei verschiedene Listen vor, die *Tu-Du-Liste*, die *Ideenliste* und *,Who-am-I'-Liste*.

Tu-Du-Liste

Na Sherlock, was meinst Du? Worum geht es wohl in dieser Liste? Richtig, um *Dich*. Nur um Dich. Denn nicht alles im Leben ist so rational abzuhaken wie eine To-Do-Liste. Deshalb machst Du Dir zwei- bis dreimal pro Woche auch eine *Tu-Du-Liste*. Dabei geht's um Deine Emotionen und Gefühle. Während Du Deine To-Do-Liste schreibst oder Dir anderweitig überlegst, welche Aufgaben alle anstehen, denkst Du mit der Tu-Du-Liste auch darüber nach, wie Du Dich heute gerne fühlen möchtest. Auch wenn sich das ein bisschen gaga anhört, schreib Dir einfach mal auf, welche Emotionen Du gerne erleben willst. Lachen, glücklich sein, Erfolgserlebnisse mit anderen, spaßen et cetera. Morgens beim Kaffee machst Du Dir einfach kurz eine Liste mit den Gefühlen Deiner Wahl. Es hört sich zwar gaga an, doch es lohnt sich. Du trimmst so Dein Gehirn auf positive Gefühle. Es geht um die Sensibilisierung für Deine Gefühle, diese steuerst Du ja teilweise selber und durch beispielsweise die Tu-Du-Liste nimmst Du aktiv Einfluss auf sie. Unterschätze nie die Macht der Worte!

TO DO

Schreib Dir mit Deinem nächsten Kaffee oder Tee eine Tu-Du-Liste. Mach Dir bewusst, wie Du Dich fühlen willst – das ist der erste Schritt zum Erlangen dieses Gefühls.

REZEPT Nr. 28
Ideenliste

Das ist ein ganz simples Rezept, doch oft versperren die Menschen die Augen vor den simpelsten Dingen. Und falls Du es noch nicht gemerkt hast, das ist mein Lieblingsweg: einfach und effektiv. Hier also nur ein kurzer Ideenanstoß für eine wirklich tolle Liste: die *Ideenliste*. Der Name sagt eigentlich schon alles. Hast Du gute Ideen? Aber Du vergisst, sie aufzuschreiben und dann gehen sie einfach verloren. Das ist wie mit Geburtstagswünschen, Du hast ganz viele, aber kurz vor Deinem Geburtstag sind sie alle vergessen. Mach Dir eine Liste mit all Deinen Ideen! Einzige Regel: Nimm ein schönes Blatt oder noch besser ein schönes kleines Notizbuch, das Dir richtig gut gefällt. Es soll nämlich halten, bis es voll ist. Schreib dort immer direkt Deine Ideen auf, egal welcher Art. Immer wenn Du Zeit für ein neues Projekt findest, blätterst Du in Deiner Ideenliste und verwirklichst eine Idee. Für die besonders motivierten: eine Idee pro Woche!

TO DO

Besorg Dir ein geeignetes Büchlein für Deine Ideen und schreib alle auf, die Dir einfallen. Verwirkliche in den nächsten vier Wochen pro Woche mindestens eine Idee!

REZEPT Nr. 29
‚Who-am-I'-Liste

Diese Liste hilft, an Dir selbst zu arbeiten und für die Dinge zu kämpfen, die Du sein willst. Sie motiviert Dich, Deine persönlichen Ziele zu verfolgen und sie nicht weiter aufzuschieben. Es geht nicht um Deine Fehler, sondern um alle Eigenschaften, die Du gerne haben willst! Zu diesem Zweck nimmst Du Dir ein Blatt Papier und einen Stift. Wie möchtest Du gerne von anderen beschrieben werden? Welche Eigenschaften wünschst Du Dir? Schreib diese auf das Blatt und häng es als tägliche Motivation gut sichtbar auf. Sei der Mensch, der Du sein willst! Gib Dir auch ruhig etwas Mühe mit der Gestaltung des Blatts. Überleg dabei genau, welche Eigenschaften Du an einem Menschen wichtig findest. Schieb den Menschen, der Du sein willst, nicht mehr auf. Am besten entscheidest Du Dich für drei Eigenschaften, auf die Du für zwei Wochen Deinen Fokus legst. Erinnere Dich an Deine Prinzipien und Wertvorstellungen und lebe nach ihnen! Nach zwei Wochen nimmst Du Dir die Liste zur Hand und schreibst auf die Rückseite alle Situationen (der letzten zwei Wochen) auf, in denen Du nach Deinen drei Werten gehandelt hast. Und dann schreibst Du eine neue *‚Who-am-I'-Liste*. Bewahre die alte gut auf und sammle alle zusammen in einer kleinen Box.

TO DO

Denkaufgabe: Welche Eigenschaft magst Du am liebsten an Dir? Welche am wenigsten? Schreibe das Gegenteil der negativen Eigenschaft als ersten Punkt auf Deine erste ‚Who-am-I'-Liste!

7
Warum Aufschieben auch gut ist!

Wie auch im echten Leben ist nicht immer alles eindeutig bestimmbar. Es gibt immer verschiedene Perspektiven und Sichtweisen, das gilt auch für die Aufschieberitis. In diesem Kapitel geht es um die positiven Aspekte von Aufschieberitis, denn JA, manchmal ist das Aufschieben gar nicht so verkehrt. Wieso und in welchen Situationen Du auch mal aufschieben darfst, erzähle ich Dir jetzt.

> *„Never put off till tomorrow what you can do*
> *the day after tomorrow just as well"*
> *– Mark Twain –*

Kommen wir erstmal zum Aufschieben an sich: Welche positiven psychologischen Gründe gibt es? Zum einen ist es die eigene Entscheidung zum Aufschieben. Nur Du selbst beschließt, mit einer Aufgabe oder einer Angelegenheit noch zu warten. Nur Du entschließt Dich, sie noch ein klein wenig weiter aufzuschieben. Deine Entscheidung = Deine Kontrolle. In diesem Sinne übernimmst Du Verantwortung für Dein Leben und Deine Zeit. Dieses Übernehmen von Verantwortung schafft neue Motivation und Energie, eben weil Du in diesem Punkt Dein eigener Chef bist. Etwas einfach mal seinzulassen, ist somit auch effektiv. Du musst auch mal durchhängen, um weiterzukommen. Nutze Deine Freiheit und schiebe auch mal Dinge auf, letztlich ist das auch nur eine Art von Priorisierung. Ein weiterer Grund ist, dass mit mehr Zeit oft auch mehr Informationen über die aufgeschobene Sache oder Situation hinzukommen. Umstände ändern sich und das betrifft auch oft die weggeschobenen Aufgaben. Vielleicht erledigt sich das Problem sogar von selbst ☺. Ein weiterer Grund: Bevor Du Dich auf den Tod zu etwas zwingst, analysierst Du erstmal die Bedeutung für Dich. Bringt es Dir überhaupt etwas, das Jeweilige jetzt anzugehen? Würde das Aufschieben Dir Zeit für etwas Sinnvolleres geben? Was machst Du eigentlich in der Zeit, in der Du aufschiebst? Liegst Du da wirklich auf der Couch und starrst in die Luft? Oder arbeitest Du einfach an anderen Dingen? An Dingen, die eventuell nicht so wichtig erscheinen oder auch an Dingen, die extrem wichtig sind? Egal welcher Art diese Dinge sind, sie haben in dem Moment des Aufschiebens einfach Vorrang vor dem Zeug, auf das Du keinen Bock hast. Aufschieben heißt nicht gleich Aufschieben. Klar, manchmal machst Du wirklich nichts, es gibt jedoch auch noch andere Arten des Prokrastinierens. Manchmal schiebst Du Dinge auf und machst in dieser Zeit unwichtigere Dinge oder auch Sachen, die Dir besonders wichtig sind.

Man hat also verschiedene Kategorien des Aufschiebens:

a) Nichts

b) Etwas weniger Wichtiges

c) Etwas Wichtigeres

d) Schlafen

Überleg mal, welche Variante Du am meisten wählst, tust Du während des Prokrastinierens wirklich nichts? Oder räumst Du doch die Wohnung auf? Oder sitzt Du wieder an Deinem Lieblingsprojekt? Denk mal alle drei Fälle durch, sie haben auch ihre positiven Seiten:

a) Du entspannst Dich.

b) Du machst zumindest irgendetwas Nützliches.

c) Du machst das, was Du wirklich machen willst.

d) Du schläfst.

Mhm, das sind doch wirklich nicht so schlechte Optionen, oder? Also sag Deinem schlechten Gewissen auch mal „Ciao!" und genieß Deine Aufschieberitis. Das ist dann der Part am Kranksein, den Du magst, nämlich das umsorgt werden von Mama. Folge Deiner Intuition und versteife Dich nicht immer auf feste Pläne. Es lohnt sich immer wieder, seine Prioritäten zu hinterfragen. Das richtige Maß ist hier mal wieder der Schlüssel zum Erfolg.

Es gibt also verschiedene gute Gründe für die Aufschieberitis, hier nochmal in Kurzform:

1. **Freiheit:** *Du entscheidest selbst, wann Du was machst und trägst dafür die Verantwortung.*

2. **Zeit:** *Mehr Zeit heißt auch, mehr Zeit zum Nachdenken und so kommen mehr Informationen dazu. Situationen oder die Umstände einer Situation verändern sich ständig. Oft hilft das, einen neuen oder anderen Blickwinkel auf Aufgaben und Angelegenheiten zu erlangen.*

3. **Priorisierung:** *Du entscheidest Dich bewusst gegen eine Sache und damit auch für eine andere. Das ist eine klare Ansage. Du erledigst in dieser Zeit andere Dinge, die auch wichtig sind. Aufschieben heißt nicht unbedingt, faul zu sein.*

4. **Entspannung:** *Schiebst Du etwas auf, dann ist es wichtig, dass Du das so bewusst wie möglich machst. Das ist nämlich eine Möglichkeit, das Prokrastinieren wirklich als eine Pause zu nutzen. Und Pausen sind essenziell, um nicht dauergestresst zu sein oder sogar dem Burn-out nahezukommen.*

Du siehst also, dass es auch positive Aspekte an der Aufschieberitis gibt. Dieses Kapitel ist jedoch kein Freibrief. Aufschieben ist und bleibt menschlich. Alle tun es und eine gänzliche Heilung ist unmöglich und wie jetzt klar ist, auch unnötig. Die Aufschieberitis soll nur nicht Dein Leben bestimmen, sie muss im Gleichgewicht bleiben und genau dafür hast Du ja dieses Büchlein in der Hand. Die Rezepte helfen Dir, Deine Aufschieberitis in den Griff zu bekommen. Und ab diesem Punkt genießt Du es dann auch mal bewusst, aufzuschieben. Lies jetzt einfach weiter und kämpfe gegen Deine Aufschieberitis weiter an!

8
Apps & Tools

1. *Forest, stay focused – be present*

2. *Seven Weeks*

3. *Klarheit Journal*

4. *Das Sorgenfresser-Kuscheltier*

Dieses Kapitel stellt Dir vier Rezepte zum Anfassen beziehungsweise zum Downloaden vor! Es geht um zwei Apps und zwei analoge Helferlein. Ein ausgeglichenes Verhältnis der digitalen und der wirklichen Welt halte ich für extrem wichtig und dafür stehen auch diese vier Rezepte! Na klar, im 21. Jahrhundert angekommen kannst Du Dich schwer dem Smartphone und all seiner Features entziehen – und warum auch? Es gibt eben mega praktische Funktionen. Diese erleichtern viele Vorgänge und sind immer abrufbar! Analoge Hilfsmittel helfen Dir dabei, Dinge greifbarer zu machen und sozusagen selbst in der Hand zu haben. Du schaffst mit ihnen einen Bezug zur wirklichen Welt. Das ist sehr wichtig, um zum einen nicht vollkommen abhängig von der modernen Technologien zu werden und zum anderen bei sich selbst und der nicht-digitalen Welt zu bleiben. Apps zielen auf Effizienz, doch der Mensch kann nicht immer effizient sein. Das bedeutet nämlich auch Stress und Druck. Nimm Dir Zeit für handgeschriebene Kalender et cetera, er hilft Dir, den Überblick über Dein Leben wirklich zu verinnerlichen. Die ausgewogene Kombination beider Welten ist das Ziel. Aus diesem Grund kommen jetzt zwei geile Apps und zwei wundervolle analoge Hilfsmittel! Los geht's!

REZEPT Nr. 30

Forest, stay focused –
be present

Dieses Rezept ist für alle mit einem grünen Daumen! Diese App ist einfach originell und funktioniert tatsächlich. Den meisten Menschen fällt es sehr schwer in langweiligen beziehungsweise nervigen Arbeitsstunden nicht aufs Handy zu gucken. Ob beim Hausarbeiten schreiben, der Steuererklärung, beim Einteilen des Schichtplans oder jeder anderen Aufgabe am Schreibtisch, früher oder später (meistens früher) wird das Handy doch abgecheckt. Ein Summen, ein Pfeifen, ein Brummen – egal, die Konzentration ist weg und die vermeintlich unwichtige WhatsApp-Nachricht wird abgehört! Einfach weglegen ist keine Option … Deshalb die *Forest-App*! Die Forest-App pflanzt einen virtuellen Baum auf Deinem Smartphone und dieser ist nach 30 Minuten voll ausgewachsen. Jedoch nur, wenn nichts weiter auf dem Smartphone gedrückt wird, ansonsten stirbt der Baum. Und dieser traurige Baumstumpf geht nicht mehr weg in der App. In Deinem Forest-Ranking siehst Du Deinen eigenen Wald und wenn Du willst auch den von anderen Nutzern. Die bildhafte Visualisierung hilft dem Gehirn, konzentriert zu bleiben. Drückst Du trotzdem aufs Handy, kommen kleine Nachrichten wie „Leave me alone" oder „ Stay focused". Lass Dir von dieser App helfen, Deine Konzentration zu bewahren und mal wenigstens eine halbe Stunde nicht abgelenkt zu werden und durchzupowern!

TO DO

Beobachte bei Deiner nächsten Schreibtischaufgabe Dein Smartphone-Verhalten, wie oft wirst Du von Deinem Smartphone gestört und wie oft ist diese Störung wirklich nichts weiter, als eine völlig unnötige Störung?

REZEPT Nr. 31
Seven Weeks

Die *Seven-Weeks-App* ist das smarte Pendant zu dem *Seinfeld-Kalender* aus Rezept Nr. 23. Da es eine App ist, kann sie naturgemäß sogar noch viel, viel mehr gleichzeitig für dich vollbringen, als der analoge Seinfeld-Kalender. Beides hat seine Vorteile, finde Deine Lieblingsvariante. Die App verschafft Dir trotz ihrer zahlreichen Anwendungen einen super Überblick. Worum geht's genau? Also, die Seven-Weeks-App hilft Dir, nervige Gewohnheiten abzulegen, neue Gewohnheiten anzunehmen oder bestimmte Ziele im Auge zu behalten. Du speicherst Deine persönlichen *Goals* in die App ein und nach jedem erfolgreichen Tag setzt Du einen Haken. Diese *Kettentaktik* wirkt motivierend wie wir schon in Rezept 23 festgestellt haben. ‚Seven Weeks' heißt die App, weil alle Vorhaben über einen Zeitraum von sieben Wochen aufgezeichnet werden. Nach dieser Zeitspanne, wenn erfolgreich durchgeführt, ist eine Gewohnheit, wissenschaftlich nachgewiesen, im Gehirn verankert oder an- bzw. abgewöhnt. Wie lange schaffst Du es? Lass Dir von der App helfen, immer einen Überblick über Deine Vorhaben zu haben. Die App hat außerdem ein einfaches und schickes Design. Einfach mal ausprobieren!

TO DO

Du hast Dein Smartphone sowieso immer dabei, deshalb profitiere davon und verwende es gegen Deine Aufschieberitis! Kaufe Dir die Seven-Weeks-App und verändere Deine Gewohnheiten!

REZEPT Nr. 32
Klarheit Journal

Im Jahr 2050 wird an den deutschen Grundschulen kein Schreiben mehr gelehrt, alles wird nur noch über digitale Tastaturen geschrieben. Füller und Kulis werden dann hinfällig. Aufgepasst, Fake News. Das ist natürlich überzogener Quatsch, trotzdem sieht wohl jeder im Alltag, wie wichtig Smartphones geworden sind. Ich für meinen Teil sehe einen klassischen Kalender immer noch als sehr wertvoll an. Er hilft, sich seine Termine und Vorhaben selber aufzuschreiben. In Teil 1 *,33 Rezepte gegen Aufschieberitis'* habe ich insbesondere den Kalender der Firma Klarheit gelobt, er sieht schick aus und ist super übersichtlich. Tolles Format und viele Extra Gadgets! Und diese Firma hat nun ein neues praktisches Teil rausgebraucht! Das „Klarheit Journal, Dein Begleiter zu besseren Gedanken, Gefühlen und Ergebnissen im Leben." Es ist ein Tagebuch, das Du nicht mit einem persönlichen Fließtext füllst, sondern Du beantwortest jeden Tag morgens und abends drei Fragen. Das ganze nimmt drei bis sechs Minuten Deines Tages ein. Diese helfen Dir, bewusst in Deinen Tag zu starten, ihn bewusst zu beenden und kurz über ihn zu reflektieren. Er bringt Struktur in Deine Selbstreflektion und hilft Dir, mit positiven Gefühlen in den Tag zu starten und ihn zu beenden! Und das in so kurzer Zeit!

TO DO

Hast Du früher Tagebuch geschrieben? Heute vor dem Schlafengehen nimmst Du Dir die Zeit und schreibst Deine Gedanken auf. Einfach was Dir gerade durch den Kopf geht, etwas was Dich beschäftigt. Du wirst sehen, wie erlösend das Schreiben wirkt und wie positiv sich das auf Deinen Schlaf auswirkt.

Das Sorgenfresser-Kuscheltier

Du liegst mit weit geöffneten Augen im Bett. Du drehst Dich nervös hin und her, um endlich die passende Schlafposition zu finden. Vor dem Blick auf die Uhr hast Du Angst, denn wahrscheinlich klingelt Dein Wecker ziemlich bald. Und wieder eine ganze Nacht mit der Schlaflosigkeit gekämpft. Total kaputt und müde machst Du Dich auf den Weg zur Arbeit und schlecht gelaunt beginnt der neue Tag. Das ist Normalität für sehr viele Menschen, aus Stress und wegen viel zu vieler Gedanken in Deinem Kopf schläfst Du sehr schlecht. Leider gibt's keinen Schlafmodus-Knopf im Kopf. Wenn auch die Tasse Baldriantee nicht mehr wirkt, brauchst Du ein anderes Hilfsmittel! Neben den Entspannungstechniken in Kapitel 3 empfehle ich Dir das *Sorgenfresser-Kuscheltier*. Das Problem ist ja das folgende: Eigentlich willst Du schlafen, doch aufgewühlt durch alle möglichen Gedanken und Sorgen, glaubst Du schon selber nicht mehr daran, einzuschlafen. Wenn Du Dir selbst sagst: „Ich kann nicht schlafen", glaub mir, dann wirst Du es auch nicht. Dein Körper braucht ja den Schlaf und deshalb vertraue auf ihn. Du brauchst eben nur die richtigen Taktiken. So, und jetzt kommt das Sorgenfresser-Kuscheltier ins Bett, ähm Spiel. Dieses Kuscheltier ist primär für Erwachsene bzw. für alle, die schreiben können. Das Prinzip funktioniert so: Wenn Du mal wieder verzweifelt im Bett liegst und grübelst, dann schreib Dir Deine Sorgen auf ein Blatt Papier und steck sie dem Kuscheltier in den dafür vorgesehenen

Bauch, Reißverschluss zu und raus aus dem Kopf. Das ist ein einfacher psychologischer Trick. Das Gute an diesem System ist, dass Du Deinen Kopf überlistest, denn Du hast damit natürlich nicht die Sorge an sich vergessen, jedoch hast Du sie notiert und weggepackt, das heißt, sie geht auf keinen Fall verloren. Du gibst Deinem Gehirn damit die Chance zu einer Ruhepause und damit auch Deinem Körper eine Pause zum Schlafen. Sorgen runterschreiben und sie nicht verdrängen, sondern sortieren und für den nächsten Tag bereitmachen. Seien wir ehrlich, nachts änderst Du eh nichts mehr an Deinen Problemen. Lieber tagsüber in aller Frische.

TO DO

Schreib Dich leer! Deine Gedanken aufzuschreiben, ist nicht nur hilfreich, wenn Du nicht schlafen kannst. Ich stelle Dir die Aufgabe, einen Brief an eine Person zu schreiben, mit der Du noch einen offenen Konflikt hast. Nimm Dir eine halbe Stunde Zeit und schreibe alle Deine Gedanken dazu auf. Ach ja, Du schickst den Brief auch gar nicht unbedingt ab, das bleibt ganz Dir überlassen. Den befreienden Effekt spürst Du so oder so.

9

Fazit

Alle guten Dinge sind drei und hiermit sind die drei Taschenbücher *‚33 Rezepte gegen Aufschieberitis'* vollendet! Wir haben jetzt insgesamt 99 Rezepte in den Bereichen Denken und Einstellungen, Methoden und Gesetze, Listen, Apps und Tools gesammelt. Das sind mehr als genug, um Deine persönlichen Favoriten zu finden! Das Schöne oder auch das Schlimme, Du behältst diese Büchlein für Dein ganzes Leben! Aufschieberitis wird Dich immer begleiten, doch mit diesen Tipps und Tricks bist Du gut gewappnet, sie zu bändigen und in einem „normalen" Maß zu halten. Höre niemals auf, an Dir zu arbeiten, gehe mental niemals in Rente. Verwende dabei Rezepte aus allen Kapiteln und mach Dir so Techniken aus verschiedenen Bereichen zugänglich. Arbeite an Deinen Einstellungen und höre dabei insbesondere auf das Rezept Nr. 2 *Übernimm Verantwortung*, denn nur Du entscheidest, was Deine Ziele sind und wo Du hinkommen möchtest. Dafür machst Du niemand anderen verantwortlich. Löse selbst die Veränderung aus, die Du willst und brauchst. Vergiss nie, was Deine Stärken sind und sei stolz auf sie. Bist Du Dir über Deine Stärken gar nicht so sicher, dann lies doch nochmal in Rezept 8 *Stärkenanalyse* nach. Oft hält Dich Selbstkritik davon ab, Deine positiven Seiten zu sehen und sich über sie zu freuen.

Eine destruktive Seite lenkt Deinen Blick öfter auf die negativen Dinge, auf Deine Schwächen oder Sachen, die schieflaufen. Lass Dich davon nicht unterkriegen, erinnerst Du Dich an das Rezept *Vergiss Work-Life-Balance!* aus dem zweiten Teil? In dem Rezept geht es darum, dass es nicht immer möglich ist, eine perfekte Work-Life-Balance zu halten. Das Leben läuft nicht immer im Gleichgewicht ab, es passieren Dinge, die Du nicht kontrollieren kannst und auch auf die musst Du Dich einstellen und das tust Du auch! Gehe immer mit voller Power an Deine Herzensprojekte. Wenn Du dann merkst, dass Du nicht richtig dabei bist, dann überlege mit Rezept Nr. 19, der *ABC-Analyse*, ob das Projekt noch einen bedeutsamen Stellenwert für Dich hat oder ob es durch andere wichtige Dinge ersetzt wurde. Aufschieberitis nervt und verfolgt Dich dabei auch noch ständig im Alltag, sie hindert Dich daran, effizient/effektiv zu arbeiten und Deine Zeit voll zu nutzen. Das betrifft nicht nur unsere Arbeitszeit, sondern eben auch unsere Freizeit. Aufschieberitis findest Du bei jedem Menschen und in allen Lebensbereichen. Es ist also ganz normal, jeder hat damit zu kämpfen. Gegenseitige Hilfe ist dann natürlich nur logisch! In Teil 1 und 2 erkläre ich Rezepte wie „Such Dir Verbündete" oder „Arschlochfreunde". Für neue Angewohnheiten (Sport machen, abnehmen, pünktlich sein etc.) suchst Du Dir Freunde oder Bekannte, die dasselbe Ziel haben. Zusammen ist es einfacher, anzufangen und dranzubleiben. Die *Arschlochfreunde* hingegen sind nicht unbedingt Mitstreiter, sie sind eher so etwas wie Kontrolleure. Weihe sie in Deine Vorhaben ein und mach sie zu Deinen Aufpassern. Falls Du selber mal zu schwach bist, erinnern sie Dich an Deine Vorhaben. Es gibt also unzählige Taktiken, Methoden und Tipps. Blättere regelmäßig in den 33 Rezepten und probiere neue aus. Immer wieder! Ich hoffe, diese insgesamt 99 Rezepte helfen Dir zur Selbsthilfe!

Brauchst Du noch mehr Informationen, besuche mich gerne auf meiner Website *www.danielhoch.com*. Ich wünsche Dir ganz viel Erfolg und gutes Gelingen beim Umsetzen der Rezepte!

In diesem Sinne wünsche ich allen Lesern ganz viel Energie. Los geht's, endlich Tacheles reden – mit Dir selbst und Deinem Umfeld! Das Leben ist schön.

Dein Daniel Hoch

Über den Autor

Daniel Hoch nimmt kein Blatt vor den Mund

Daniel Hoch kennt keine Tabus und legt die Karten offen auf den Tisch. Seit über 15 Jahren forscht und referiert der Top Speaker und Life-Coach auf höchstem Niveau in den Bereichen: Klarheit, Souveränität und Erfolg. Auf faszinierende Weise verbindet er Wissen mit Entertainment und hilft so Menschen, ihr bisher unentdecktes Potenzial bewusszuzumachen und vollkommener auszuschöpfen. Mit einer großen Prise Unverfrorenheit stellt er den inneren Dialog seiner Zuhörer und Zuschauer spürbar auf Erfolg und zieht so jedes Publikum in seinen Bann. Daniel Hoch repräsentiert den Weg der ambivalent wohlwollenden Provokation in Perfektion. Erleben Sie Tränen der Betroffenheit und der Freude.

Nominiert für den RED FOX AWARD 2019 und 2020 und ausgezeichnet vom Magazin Focus als Trainer des Jahres 2016, hat er inzwischen 17 Bücher und zahlreiche Fachpublikationen veröffentlicht. Mehr als 10.000 Teilnehmer besuchen jedes Jahr seine Seminare und Vorträge. Als Experte steht er regelmäßig in Funk und Fernsehen vor der Kamera. An Hochschulen und Universitäten ist er als Profi ein sehr begehrter Gastdozent. Lassen Sie sich von Daniel Hoch berühren, wachrütteln und begeistern.

Keynotes/Workshops

• MINDPUNK® – Denken und Leben für neue Götter

• KOPFKINO – Warum der richtige Fokus lebensentscheidend ist

• RESILIENZ – Umgang mit Krisen & Veränderungen

• AUFSCHIEBERITIS® – Wie Du Dich und Deine Gewohnheiten in den Griff bekommst

• KLARTEXT – Geheimnisse erfolgreicher Kommunikation

• KÖRPERSPRACHE – Die Zunge lügt, der Körper nie

Kontaktdaten

E-Mail: presse@danielhoch.com
Web: www.danielhoch.com
Telefon: 0341 22814045

116

Veröffentlichungen von Daniel Hoch

MINDPUNK®
Denken und Leben für neue Götter

Die Veränderungen da draußen sind rasant und chaotisch: Die neue Welt prallt auf das alte Denken und es gibt einen gewaltigen Clash! Human (R)Evolution – Krieg der Werte und Generationen. Darwin ist out. Was hilft, ist ein Paradigmenwechsel ohne Wenn und Aber, denn Changemanagement ist tot und Veränderung funktioniert nicht mehr.

Auf ernsthafte und zugleich charmante Art zeigt Daniel Hoch, wie jeder Mensch zum MINDPUNK® wird: Welche Prinzipien in Zeiten des Wandels von Kulturen, Werten und Generationen immer wichtiger werden und wie wir sie leben. Er inspiriert mit Einblicken in seine persönliche Entwicklung und mit Momenten aus dem Leben – für das Leben. Für alle.

ISBN Hardcover: 978-3-948767-04-4
ISBN E-Book: 978-3-948767-05-1
ISBN Hörbuch: 978-3-948767-06-8

Preis: 29,99 €

CHECK YOUR LIFE!
Fragen für Dich & Dein Leben

Viele Menschen wünschen sich ein Leben, das mehr ihrem Sinn entspricht. Nur irgendwie klappt es nicht. Um der eigenen Lebensvision Stück für Stück näher zu kommen, braucht es Selbstreflexion. Denn die Gründe, warum wir noch nicht das Leben führen, von dem wir träumen, liegen immer in uns, im Selbst.

Um Deine Antworten des Lebens zu finden, stellt Dir Daniel Hoch in seinem Workbook „CHECK YOUR LIFE! Fragen für Dich & Dein Leben" 99 tiefgreifende und zum Teil provokante Fragen, die Dir helfen, Dich intensiv und nachhaltig zu reflektieren. Mit CHECK YOUR LIFE! entfaltest Du neue, bisher unentdeckte Potenziale, findest mehr Deinen Sinn und gewinnst Klarheit darüber, wie Du Dein Leben erfüllender er-schaffst und gestaltest.

ISBN Paperback: 978-3-948767-00-6
ISBN E-Book: 978-3-948767-01-3
ISBN Hörbuch: 978-3-948767-41-9

Preis: 24,99 €

TUN®
Am Ende zählt nur das Ergebnis,
nie die Ausreden.

Die Buchinhalte sind Ihr täglicher Ratgeber gegen die „Aufschieberitis®", um die privaten und beruflichen Ziele definitiv und sinnvoll zu erreichen. Die Rezepte beziehen sich nicht nur auf Ihr persönliches Handeln, sondern vor allem auf das unternehmerische und zielorientierte TUN®.

ISBN Paperback: 978-3-948767-02-0
ISBN E-Book: 978-3-948767-03-7
ISBN Hörbuch: 978-3-948767-40-2

Preis: 24,99 €

AUFSCHIEBERITIS® –
Die Volkskrankheit Nr. 1

In der zweiten Auflage dieses Buches erfahren Sie alles über Ursachen, Symptome sowie schwerwiegende Nebenwirkungen der Volkskrankheit „Aufschieberitis".

Lesen Sie, wie Sie mit dieser scheinbar harmlosen, aber auf weite Sicht lebensbedrohliche Diagnose umgehen. Nutzen Sie Daniel Hochs neue Erfolgsrezepte, um die Krankheit zu besiegen und schützen Sie sich vor erneuter Ansteckung! Die zweite Auflage überzeugt durch neue Erkenntnisse, aktuelle Studien und Interviews: Damit bezwingen Sie Ihren Schweinehund garantiert!

ISBN Paperback: 978-3-948767-07-5
ISBN E-Book: 978-3-948767-08-2
ISBN Hörbuch: 978-3-948767-98-3

Preis: 19,99 €

AUFSCHIEBERITIS®
bei Führungskräften

In diesem Buch erkennen Sie Ursachen, Symptome und schwerwiegende Nebenwirkungen der „Volkskrankheit Aufschieberitis® bei Führungskräften". Nutzen Sie die Erfolgsrezepte der beiden Führungskräfte-Coaches Daniel Hoch und Christine Carus für Ihren eigenen Führungsalltag. Bezwingen Sie mit den Erkenntnissen Ihren Schweinehund und handeln Sie!

ISBN Paperback: 978-3-948767-09-9
ISBN E-Book: 978-3-948767-10-5
ISBN Hörbuch: 978-3-948767-46-4

Preis: 19,99 €

AUFSCHIEBERITIS®
bei Studenten

In diesem Buch erkennst Du Ursachen, Symptome und schwerwiegende Nebenwirkungen der „Aufschieberitis®" bei Studenten. Nutze meine Erfolgsrezepte als Führungskräfte- und Mental Coach für Deinen Studentenalltag. Bezwinge mit diesen Erkenntnissen und Rezepten Deinen Schweinehund!

ISBN Paperback: 978-3-948767-11-2
ISBN E-Book: 978-3-948767-12-9
ISBN Hörbuch: 978-3-948767-47-1

Preis: 14,99 €

Leadership Bibel
Klarheit und Souveränität in der Führung

Souveräne Führung hat zwei wichtige Zielsetzungen: Einerseits das wirtschaftliche Ergebnis, also die Zahlen, Daten, Fakten und andererseits die Erfüllung der menschlichen Bedürfnisse aller Teammitglieder, um produktiv mit Freude zu arbeiten. Eine souveräne Führungskraft vereint beides und entwickelt ein prinzipienorientiertes Führen auf Basis der Eigenverantwortung jedes Teammitglieds. So schöpfen Sie die Potenziale des gesamten Teams aus und schaffen Arbeitsfreude in einem innovativen Füreinander.

Daniel Hoch zeigt Ihnen in der „Leadership Bibel", wie Sie durch Prinzipien moderner Führung mehr Klarheit und Souveränität schaffen. Sie erfahren, wie Sie sich als Führungskraft optimal organisieren und lernen, wie Sie erfolgreich und klar kommunizieren. Er-schaffen Sie ein völlig neues Arbeitsgefühl für Ihr Team und für Sie selbst.

ISBN Paperback: 978-3-948767-23-5
ISBN E-Book: 978-3-948767-24-2
ISBN Hörbuch: 978-3-948767-37-2

Preis: 14,99 €

Home Office Bibel
Digital Leadership | Virtuelle Meetings
Produktives Arbeiten

Home Office – Der Traum des Einen und der Fluch des Anderen klingt nach weniger Stress, weniger Konflikte mit anderen, keine Fahrtwege und mehr Freiraum. Das ist nicht nur der Wunsch vieler Menschen, sondern auch eine absolute Herausforderung.

In der „Home Office Bibel" zeigt Ihnen Daniel Hoch seine wirkungsvollsten Tricks & Rezepte zu den Themen: Digital Leadership, Virtuelle Meetings und Home Office Working. Sie erfahren, welche Prinzipien Ihnen zu mehr Produktivität verhelfen, wie Sie Ihre Selbstmotivation enorm steigern und wie Sie mit Störenfrieden und Fettnäpfchen souverän umgehen.

ISBN Paperback: 978-3-948767-35-8
ISBN E-Book: 978-3-948767-36-5
ISBN Hörbuch: 978-3-948767-39-6

Preis: 14,99 €

Meeting Bibel
Quickie oder Orgie?
Rezepte für perfekte Meetings

Meetings. Jeder kennt sie, keiner liebt sie. Kein Wunder, wenn sie zu ewig langen und einschläfernden Veranstaltungen werden, bei denen nichts herauskommt. Durch schlecht organisierte Meetings verschwenden Sie Energie, Zeit und Geld. Das Potenzial, das im gemeinsamen Austausch steckt, geht meist verloren. Als Führungskraft ist es Ihre Aufgabe, genau dem entgegenzuwirken. Auf provokante Art zeigt Ihnen Daniel Hoch in der „Meeting Bibel" innovative Prinzipien und eine in der Praxis erprobte neue Meetingkultur. Durch wirkungsvolle Rezepte und kreative Tipps zeigt er Ihnen, wie Sie mit simplen Kniffen und Tricks die Qualität Ihrer Meetings sofort enorm steigern. Nicht nur Sie werden beim Lesen der „Meeting Bibel" schmunzeln, sondern auch Ihre Meetingpartner.

ISBN Paperback: 978-3-948767-21-1
ISBN E-Book: 978-3-948767-22-8
ISBN Hörbuch: 978-3-948767-99-0

Preis: 14,99 €

Sales Bibel – Die heilige Schrift
für erfolgreiche Verkäufer im Einzelhandel

Was macht den professionellen Verkäufer aus? Talent? Einsatz? Know-how? Die Antworten gehen von den Grundlagen im Denken bis hin zu extrem treffsicheren Geheimtipps. Aus vielen Strategien, Rezepten und Ideen ist dieses Handbuch entstanden, das als Standardwerk für den Verkauf dient, um eine Top-Performance zu erreichen.

ISBN Paperback: 978-3-948767-19-8
ISBN E-Book: 978-3-948767-20-4
ISBN Hörbuch: 978-3-948767-45-7

Preis: 14,99 €

33 Rezepte
gegen Aufschieberitis

Ohne Schnickschnack – einfach Rezepte, Rezepte und Rezepte. In der Trilogie bekommst Du in jedem Teil dreiunddreißig Rezepte gegen die Aufschieberitis®. Egal, wo sie auftritt, woher sie kommt und welche Ausreden Dich abhalten. Manchmal müssen wir es nicht verstehen, sondern einfach loslegen. Die Ideen und Hilfe bekommst Du hier. Inspirieren und ausprobieren. Tun.

33 Rezepte gegen Aufschieberitis · Teil 1
ISBN Paperback: 978-3-948767-13-6
ISBN E-Book: 978-3-948767-14-3
ISBN Hörbuch: 978-3-948767-48-8

33 Rezepte gegen Aufschieberitis · Teil 2
ISBN Paperback: 978-3-948767-15-0
ISBN E-Book: 978-3-948767-16-7
ISBN Hörbuch: 978-3-948767-49-5

33 Rezepte gegen Aufschieberitis · Teil 3
ISBN Paperback: 978-3-948767-17-4
ISBN E-Book: 978-3-948767-18-1
ISBN Hörbuch: 978-3-948767-50-1

Teil 1, 2 & 3 zusammen
Preis: 24,99 €

Sprücheklopfer?
Inspiration durch Provokation

Daniel Hoch haut mit seiner lockeren und zugleich herausfordernden Art immer wieder provokante Sprüche raus, die zum Nachdenken anregen. In diesem Buch zeigt er insgesamt 52 Sprücheklopfer und welcher Gedankengang hinter ihnen steckt. „Sprücheklopfer?" ist für alle, die gerne den Weg der Provokation, des anderen Blickwinkels nehmen, die schmunzeln, nachdenken und sich angegriffen fühlen wollen. Es ist weder eine Religion, Ideologie, noch ein Lebenswerk. Es ist ein Tagebuch voller Gedanken und Ideen, die dem Menschsein und dem gemeinsamen Lernen entspringen. Immer mit dem Ziel: provozieren, herausfordern, anregen, inspirieren.

Sprücheklopfer? – Inspiration durch Provokation · Teil 1
ISBN Paperback: 978-3-948767-25-9
ISBN E-Book: 978-3-948767-26-6
ISBN Hörbuch: 978-3-948767-43-3

Sprücheklopfer? – Inspiration durch Provokation · Teil 2
ISBN Paperback: 978-3-948767-27-3
ISBN E-Book: 978-3-948767-28-0
ISBN Hörbuch: 978-3-948767-42-6

Sprücheklopfer? – Inspiration durch Provokation · Teil 3
ISBN Paperback: 978-3-948767-29-7
ISBN E-Book: 978-3-948767-30-3
ISBN Hörbuch: 978-3-948767-44-0

Teil 1, 2 & 3 zusammen
Preis: 24,99 €

Sprücheklopfer?
Inspiration durch Provokation
SPECIAL EDITION 1

Daniel Hoch kennt keine Tabus und haut raus, was sonst keiner sagt – dazu gehören auch bitterböse Wahrheiten. Die Sau muss einfach mal rausgelassen werden, denn, wann darf sie das im Alltag schon mal? Die teuflische Variante, die schwarze Edition, enthält 52 Sprüche, die es in sich haben. Sie fordern Dich heraus und inspirieren Dich dazu, Dein Denken zu hinterfragen. Dafür sind Gedanken, Gewohnheiten und Situationen, die Du kennst, teilweise überspitzt, bösartig und satirisch dargestellt. Manche brauchen es einfach ein bisschen härter, um ihren Allerwertesten zu bewegen und den Kopf zum Denken anzuschmeißen. Für genau diese Menschen ist die SPECIAL EDITION der Sprücheklopfer gedacht.

Sprücheklopfer? – Inspiration durch Provokation · SPECIAL EDITION 1

ISBN Hardcover: 978-3-948767-31-0
ISBN E-Book: 978-3-948767-32-7
ISBN Hörbuch: 978-3-948767-38-9

Preis: 14,99 €

Zeitfracht Medien GmbH
Ferdinand-Jühlke-Straße 7
99095 Erfurt, Deutschland
produktsicherheit@kolibri360.de